アジアとはなにか

松枝 到

大修館書店

アジアとはなにか——目次

*初出：『月刊しにか』二〇〇二年四月号〜二〇〇四年三月号
（「そして、アジアとはなにか」は書き下ろし）

アジアとはなにか

アジアという問い

問いとしての「アジア」

いま＝ここで「アジアとはなにか」と問いかけるふるまいは、単純にして複雑、歴史的にして現在的な問いを、あえて意を決して立てることにほかならない。ひとたびこう問いを立てたからには、きわめて明快なこと、きわめて不明なこと、それらをあれこれないまぜにしながら、くりかえしこの問いを反芻するほかには、おそらく問いそのものと向きあうことすら不可能なのではないか。

この問いの大きさについては、あらためて確認するまでもない。とりあえずいまだ、なんとも定義しがたい「アジア」なるものは、近代史における政治経済の難問中の難問でありつづけている空間なのだし、あるいは歴史にしても文化にしても、なんとはなしに「アジア」といっておきながら、その自覚を認識された経緯はない。いわゆる国家という空間がどう規定されるかさえ、あるいは民族という概念がどう定義されるかさえ、いまだ明確に決定されてはいないし、されそうもなく、できそうにもない。だのに国家なるものはさまざまに走りだし、融和し、敵対し、殺しあい、なしくずしに見せかけの友情を強要されているばかりである。現在的なこととしていえば、だからこそ「アジアとはなにか」と〈いま＝ここ〉で問われているのだが、逆説として答えるなら、だからこそ「アジアとはなにか」という問いは、あらかじめ宙吊りにされているのである。答えのないことを見越した問いであるといってもいい。

とりあえず基本的に、ぼくは時事的なことについて語ることはしない。この問いの発現は、具体的な現象や、民族や地域にかかわる観念に支配されたくないと思うからである。もちろん具体例はあれこれ出すだろうし、ぼくの個人的な価値判断から来る傾向・偏差はあろうかと思う。生々しいアジアの経験が、ぼくにもある。しかしそれは、たまさかの切片であるにすぎない。ある個人的な経験は答えそのものではなく、ものごとを考えるための小さな補助線なのだろうと思う。そういう補助線は、いずれ別のかたちで引いてみたい。

そういう次第で、これから「アジアとはなにか」について考えはじめることにする。揺れながら、中心を迂回しながら、ゆっくりと語り出すほかない。いずれにせよ、すべてを語りきることはできないし、あらかじめ不可能でもある。ここで「問い」としてアジアを立てたのは、あなたへの「問いかけ」でもある。この「問いかけ」の連鎖がやがてアジアを埋めつくしたなら、少しは答えの輪郭も見えてくるかもしれない。

アジアとはなにか

ことばとしての「アジア」を定義するには、端的に言って三つの道筋がある。ひとつは地理学的に規定される「アジア」があり、ひとつは歴史的に規定される「アジア」があり、最後に文化の問題として語りうる「アジア」という観念がある。まずは、そのひとつひとつを検証するべきなのだろう。ぼく個人としては、こうしたアジアという観念について何度も語ってきたこともあるので（たとえば、拙著『アジア言遊記』大修館書店）、それを反復することに気が引けたりもするのだが、ここでは臆することなくあれこれを再論し、さまざまな問題や主題について、くりかえし言及することにしよう。

ふたたび論じ、くりかえし同じ問題に言い及ぶというふるまいは、こと「アジア」に関するかぎり、どうしても必要なことでもある。いまや「アジア」なる語は一種の通貨となり、きわめておおらかな使われようをしている。たとえばコンビニ食品に見る「アジアごはん」であるとか、エスニックとアジア趣味とを同義に並べてしまうような身振りのことだが、その背後には、アジアではものが安いだとか（ユニクロ工場から買売春にいたるまで）、これまで浸ってきた欧米感覚とはちょっと違うものを求める差別化の意識があるのではないか。これを皮肉なまなざしで眺めれば、かつての〈大東亜共栄圏〉といったアジア観を歴史的に批判しなければならないし、戦後も永く日本が「アジア」的なるものを軽視してきた状況を克明に描き出す必要がある。ところが、そうした作業を怠ってきたというのが日本の現実であり（ごくわずかな例外を除いて）、その結果こそ、生々しいアジアを忘却した末のアジア趣味なのだと思えてしまう。問いが「宙づりになっている」というのは、そういうことなのだ。だからこそ、ぼくは、同じことを何度も語り出さなければならないと感じている。

地理学的な「アジア」

さて、とりあえず「アジア」という語をめぐる基本的な定義を確認しておこう。まずは、地理学的にいう「アジア」について辞書的な記述を引用してみる。

アジアとは地球の陸地の一部分を指す地域の名称でユーラシア大陸の東の部分およびそれに付属する日本列島などの島々を指し、今日では通常、ヨーロッパとはウラル山脈、ウラル川、カスピ海、大カフカス山脈、黒海、ボスポラス海峡、ダーダネルス海峡により区分され、アフリカとの境はスエズ運河とされている。

（『世界大百科事典』平凡社、「アジア」の項）

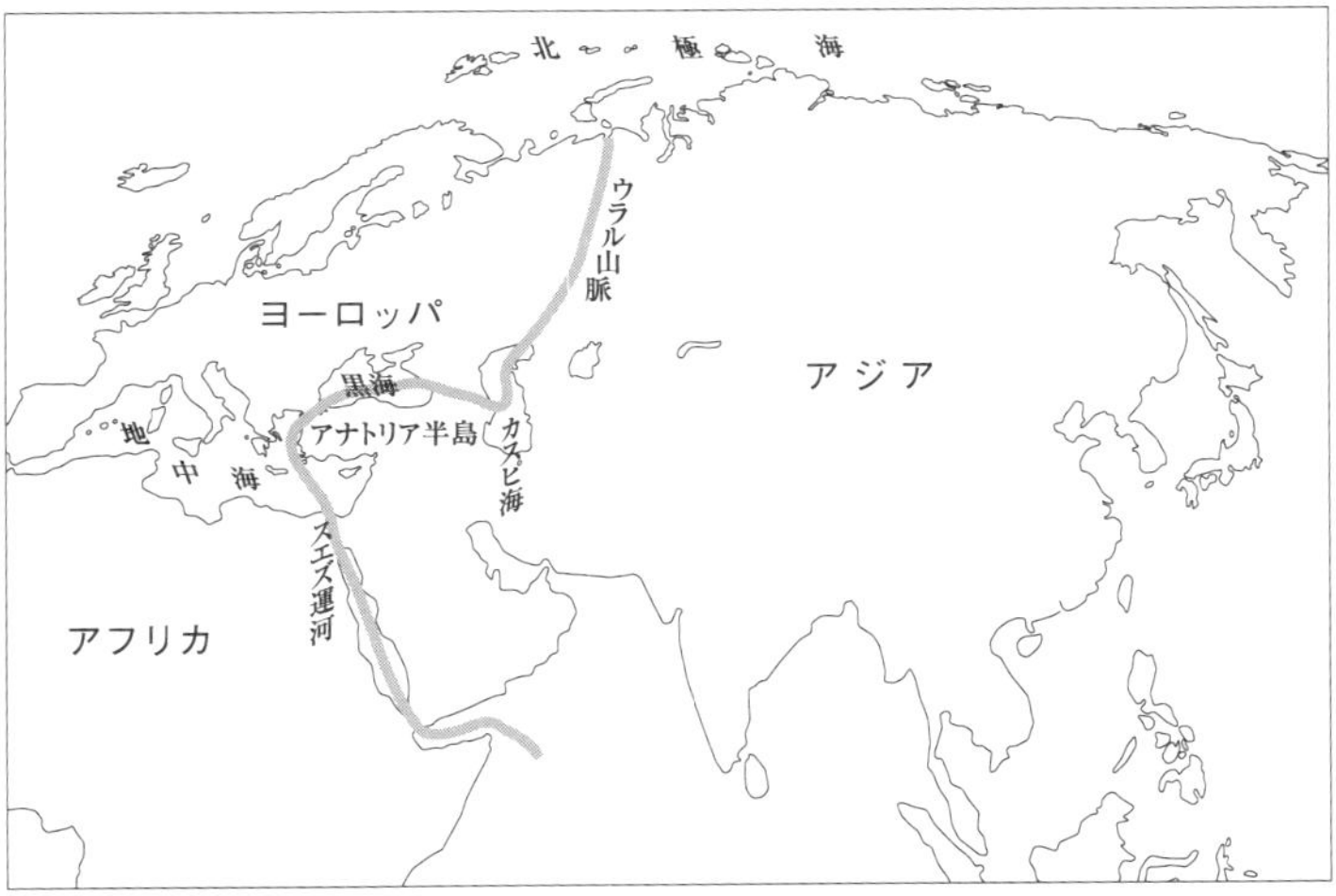

図1　アジアの境界線

きわめて大雑把に記述すれば、カスピ海から北極海の海にいたるまで割線を引き、またカスピ海から西に向かって黒海まで割線を引く。黒海から地中海に向けてアナトリア半島を囲うように切れ目を入れて、スエズ運河でアフリカ大陸と切り分けると、その東側すべてが「アジア」ということになる。いわゆる「五大陸」という表現もあるが、この区分でいうなら、アジアの地表は世界の陸地の七分の二、地球のすべての面積の十二分の一をしめることになる。ウラル山脈の向こう側をヨーロッパと呼ぶのなら、アジアはヨーロッパの面積の四倍半を超え、スエズ運河の向こうに広がるアフリカ大陸と比較しても一倍半をほこる。極北の地もあれば赤道直下の地をも含み、世界の最高峰をもつ連綿たる山塊をいだき、その一方に熱帯ジャングルや大湿原や火山列島を眼下においている。アジアを一個の大陸として見るのなら、それは世界最大の空間であり、大地である。そう簡単に見渡せるものではない。

かつて三上次男は、戦後の日本の少年少女たちに、いまこそ本当の東洋史を知っておいてもらいたいとして『ぼくらの東洋史』（一九四九年刊、復刻、中央公論美術出版）を書き下ろした。その冒頭に、彼はアジアという空間の拡がりについて、こう記している。

> 広いひろいアジア、なにがあるかわからないようなアジア、わたくしたちが住んでいる親しいアジア、日の光さすアジア。……じっさい、アジアの土地は地理学者が、今つかっている学問上の言葉では、とうてい説明しきれいとなげくほど、複雑なのです。

その複雑さは、アジアの各地を切り裂いている巨大な山脈のうねうねとした流れに基づいている。その流れの見取り図を三上とともに眺めてみるなら、

(a)　インド世界——ヒマラヤ山脈とスレイマン山脈とによって切り分けられている亜熱帯世界。

(b)　中国を中心とする東アジア世界——天山《テンシャン》山脈と崑崙《こんろん》山脈の東方に広がる世界。

(c) 北方遊牧世界——天山山脈の北方に広がるモンゴルからシベリアにかけての世界。

(d) 西アジアからアラビア世界——スレイマン山脈とヒンドゥークシュ山脈の西方に広がる西方遊牧世界。

(e) 中央アジア——これらの山々に囲まれた高原世界。

などと区分することができる。じっさいアジアは、そのほかにも多数の山塊によって地域が区切られ、分断され、隔絶されてきた。しかし、また一方、だからこそ切り分けられたさまざまな地域は他の地域を求め、峠を越え、砂漠をわたって新たな出会いを求めてきた。その具体的なありさまは、いずれ見ていきたいと思う。

アジアの空間的概念

ここで、きわめて独断的なかたちではあるのだが、アジアという空間の大雑把な区分けをしておきたいと思う。三上の提示している区分に若干の補足をしたものだが、とりあえずの理解の指針にはなるだろう［図2］。ただし、中央アジアと東アジアとの境界にゴビ砂漠を置いたことや、東アジアと南アジアとの境界にメコン河を設定したことなど、個人的な判断もあり、これを一般的な理解と思ってもらっては困るので、あくまでぼく個人の考えに基づく図式と考えていただき

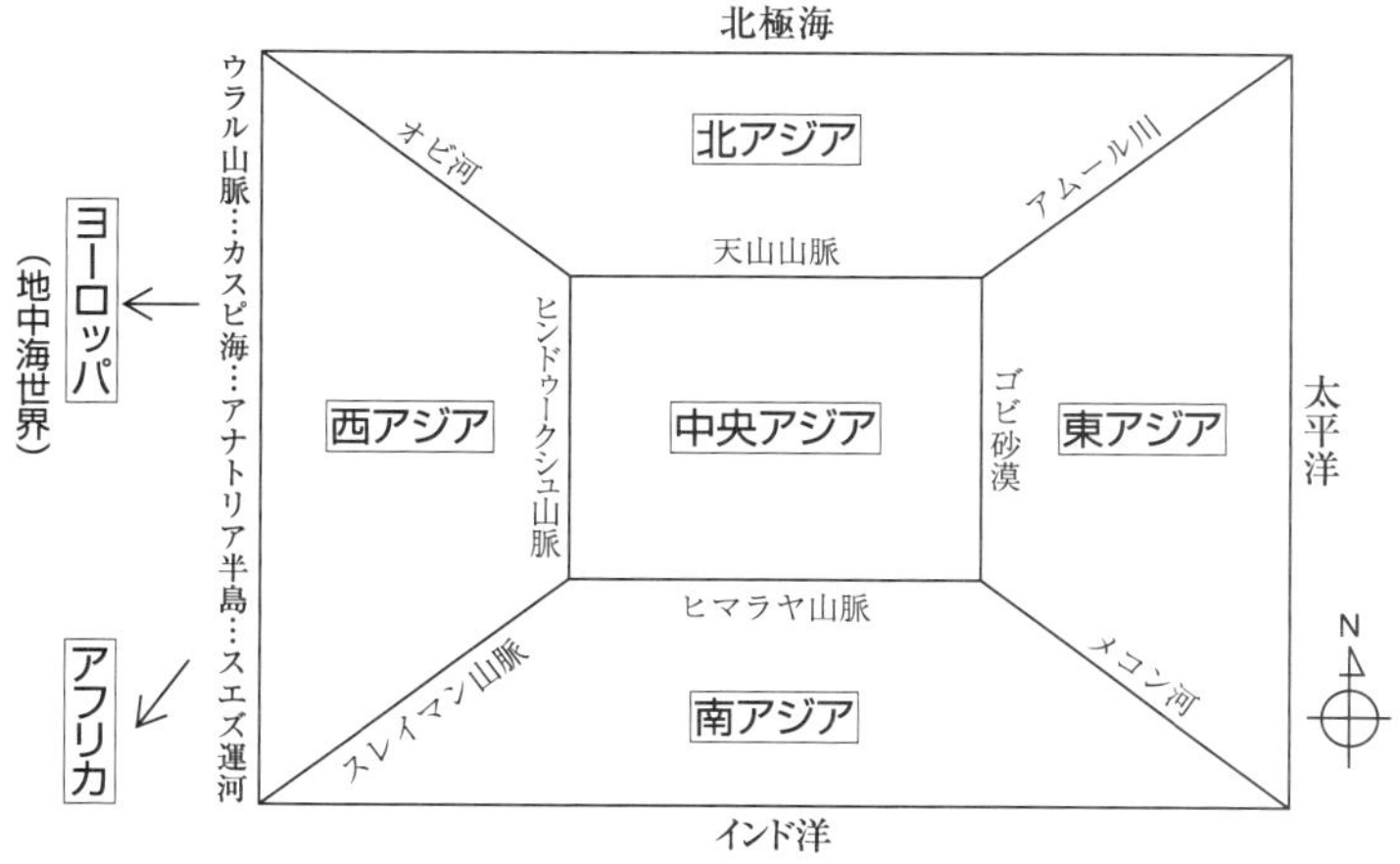

図2　アジア世界地理概念図（筆者作成）

たい。いくらも変更されうる仮の図式である。とはいえ、アジア世界をこの区分で見ることは有効であろうとは思うし、関心のある方は世界地図などを拡げて各地の在りかをご確認いただきたい。アジアと呼ばれている空間はかくも広く、それだけに複雑多様な変異を包含している。どうして単純な定義に収まることなどできるだろうか。

また一方、松田壽男は、アジアを三つの風土上の特性から分類しようと試みている（「アジアの歴史」、『松田壽男著作集』第五巻、六興出版）。すなわち

(a)　亜湿潤アジア（北方森林地帯）
(b)　乾燥アジア（砂漠地帯）
(c)　湿潤アジア（季節風地帯）

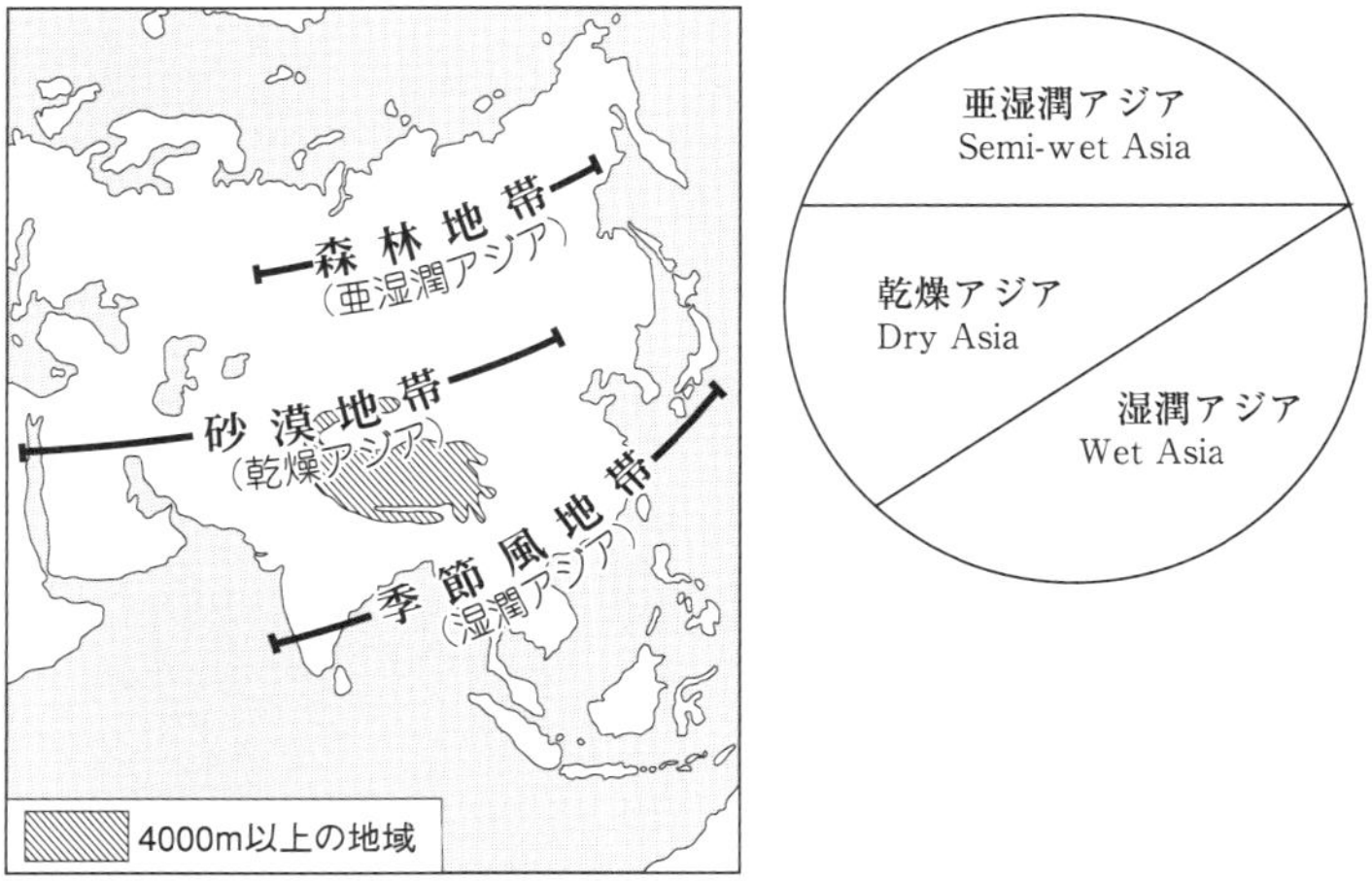

図3　アジア風土区分図（『松田壽男著作集』第5巻をもとに作成）

というもので、これはそれぞれ北方・中央・南方アジアに対応しているといえるけれども、そう簡単な議論ではないので、これについては、いずれ再論したい。しかし、これもアジアを空間的に切り分けようとする意見であるにはちがいないので、並べて提示しておくことにしよう［図3］。

山で切ろうと、湿潤で切ろうと、世界の自然のありように大差はないように見えるが、極端にいいきってしまうなら、山の切れ目は闘争の障壁であり、風土の切れ目は生活様式の隔絶を生むのである。結局、人間がそこで生きているからだ。峠を越えることは、通商や婚姻や多彩な文化接触のきっかけであるにちがいないのだが、それは同時に新たな闘争の火種でもある。湿度にあふれた土地から乾燥地帯に移るということは、それだけで生活の大転換であるばかりか、命のリズムの喪失さえ生み出すものだ。アジアはそうした人間どうしの接触の実験場でありつづけてきたのだと思う。その歴史的なふるまいの遺産を、ぼくたちはいま、きちんと受け取ることができるのだろうか。

海峡をめぐって

アジアとヨーロッパを切り分ける水の流れ

アジアとヨーロッパ、この対概念については後ほど語ることになるだろう。しかし、さらなる地理の問題としていっておくのなら、あれこれの山脈やカスピ海やスエズ運河も大事ではあるけれど、ぼくとしてはアジアとヨーロッパをへだてる海峡について、少しばかり語っておきたいと思う。アジアの極東が日本であるとするなら（本当に地理学的にいうなら、シベリア、チュコト半島のイースト岬を「極東」というべきなのだろうが）、アジアの「極西」はどこなのだろうか。北方の草原を駆け抜けてチンギス・ハーンがコーカサスの山脈を乗り越えてゆくのは、はるか後代の十三世紀なのだし、西欧列強がインドに続々と植民地を開発するのは十七世紀の初めである。いずれにしてもアジアとヨーロッパの境界を、さまざまな通商の道、さまざまな交渉の筋として人々がまたいできたのだが、そのはじまりは、やはり戦争の匂いのなかで意識されていたのである。

歴史の父と呼ばれるヘロドトスは、その著『歴史』のなかで、ギリシアとペルシアとの闘いの様子を書き記しながら、アジアとヨーロッパの境界を越える具体的ないきさつについて、次のように書いている。アケメネス朝ペルシアの王であったクセルクセスは、この強大な国家を築いたダレイオス一世の息子であったが、マラトンの戦いに敗れたのちに病死した父王の後を受け、第三次ギリシア遠征軍を組織し、父の悲願であったギリシア支配を達成しようとしていた。紀元前四八〇年のことである。

総勢七〇万ともいわれる大軍勢をひきいたクセルクセスは、エーゲ海を臨むヘレスポントス海峡でヨーロッパ側に足を踏み入れ、ギリシアを目前にした。アナトリア半島の最西端にあって、アジアとヨーロッパとの最後の境界をなすこの海峡は、古来から現在にいたるまでダーダネルス海峡と呼ばれていたが、古代ギリシアでは伝説のテーバイ王アタマスの物語をもとにして「ヘラの海」をあらわすヘレスポントスの名でも知られていた。アタマスの先妻の兄妹が、後妻の恨みを買ったため、金毛の羊の背に乗って空を飛んで逃げようとしたのだけれど、妹ヘラは空の高さにめまいを起こして海に落ちて死んでしまう。それがこの海峡であった。今日のトルコのチャナッカレにあたる。クセルクセスはこの海峡に船を並べて橋とし、七日七晩をかけ、アジアのさまざまな民族からなる巨大な軍勢を渡した。それを見ていたヘレスポントスの住民は、こう語ったという。

ゼウスよ、ギリシアを亡ぼすのがお望みならば、何故にペルシア人の姿をとり、名もゼウスに替えてクセルクセスと名乗り、しかも世界中の人間を随《したが》えてまでそれをなされますのか。あなたならばそのような手間をおとりにならずとも、お望みどおりになされますものを。

（ヘロドトス『歴史』第七巻、松平千秋訳、岩波文庫）

ヨーロッパの側から見たアジアへの思いなのだろうか。いずれにせよ、ヘロドトスの見たアジアの西端がここである。

ならば、ヘロドトスにとってのアジアとはなにか。

紀元前五世紀ころのギリシア世界に生きたヘロドトスは、ハリカルナッソスの名家の出であるが、彼はペルシア戦争の最後の段階を幼年期に経験しており、そのリアルな記憶が素地になっているのだろうか、この戦争の記録を具体的な見聞をもとに正確に書きとめようと世界を歩いたのである。彼を「歴史の父」と呼んだのはローマの文人キケロであったが、ヘロドトスは歴史家であるにとどまらず、また偉大な旅行家でもあり、最初の民族誌家でもあった。さらに、ここで重要なのは、ヘロドトスこそがアジアをアジアとして記述した最初の人物であったことであり、そ

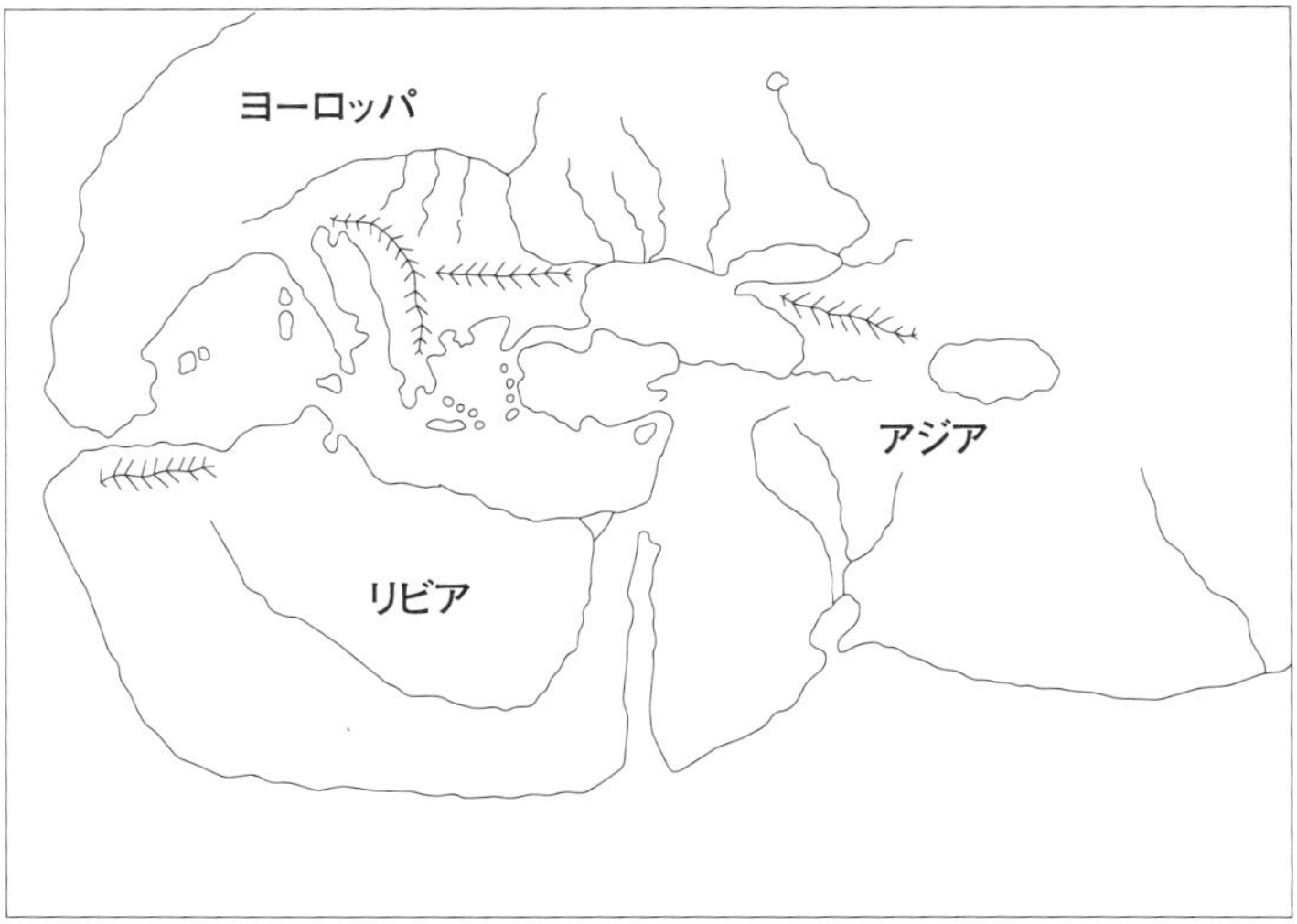

図4　ヘロドトスによる世界地図（『歴史の父　ヘロドトス』をもとに作成）

の『歴史』は、じつは最初のアジア誌であり、さらには西欧にとっての基本的なアジア像であると知ることができる。

ヘロドトスのアジア

ここにヘロドトスの見たアジア世界を知るうえで重要な、アジア世界の地図がある［図4］。この地図は藤縄謙三『歴史の父ヘロドトス』（平凡社）に従っているが、アジアとヨーロッパ、そしてリビアが向き合って世界を構成していることに注目されたい。たとえば十八世紀の初めころに刊行された西川如見《じょけん》『日本水土考』（岩波文庫）に見える「亞細亞大洲圖」と題された地図があるが［図5］、この地図にも、まるでヘロドトスに基づくかのごとき説明が附さ

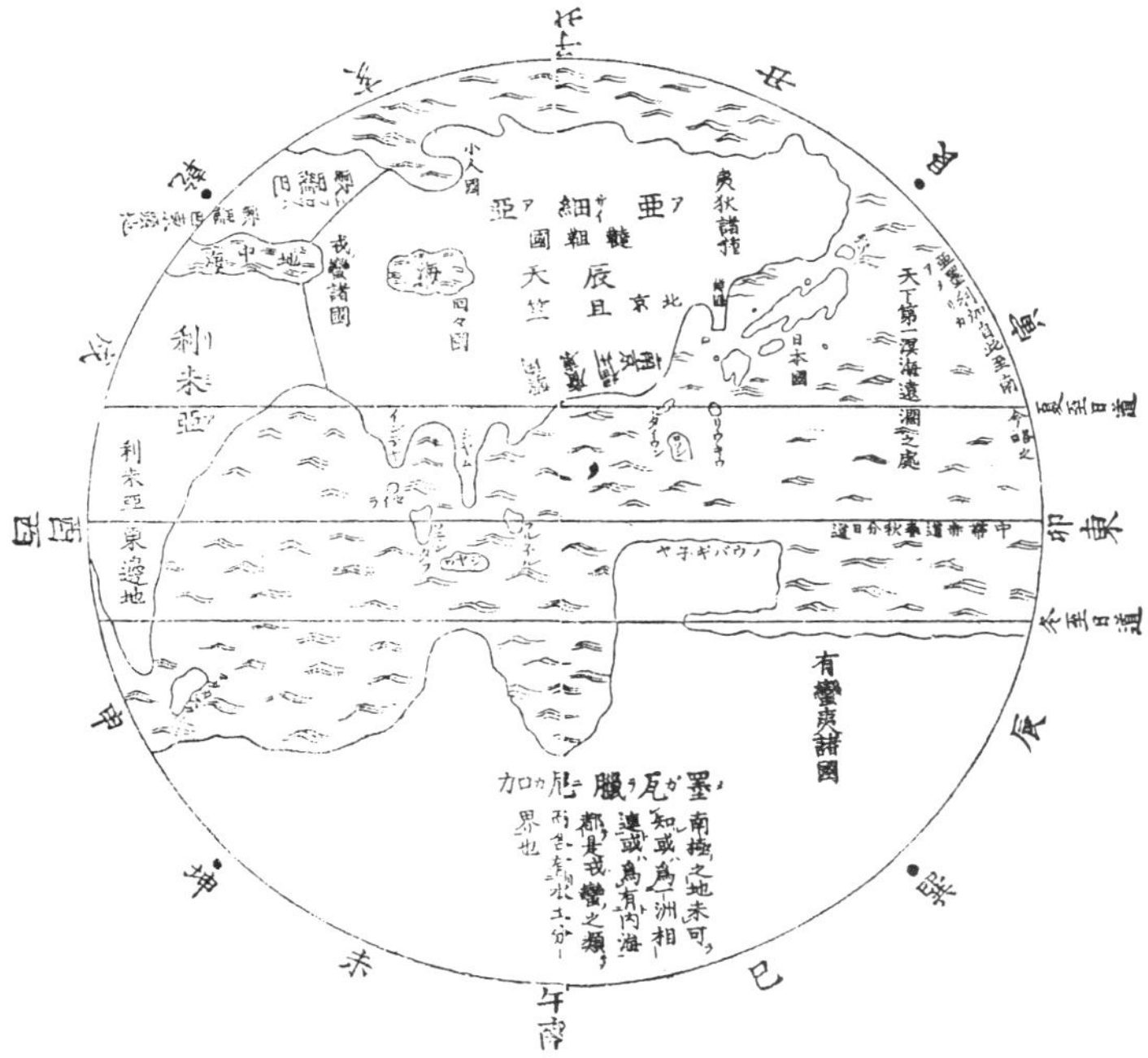

図５　「亞細亞大洲圖」（西川如見『日本水土考』より）

れてあり、そこには「中帯赤道の北に在りて、徑度極めて大なる者を、便《すなわ》ち分畫《ぶんかく》して以《もっ》て三洲と作《な》す。曰く亞細亞《アサイア》、曰く歐邏巴《エウロッパ》、曰く利未亞《リミア》」とある。リビア（利未亞）というのは、北アフリカにたいするギリシア＝ローマ時代の呼称であるが、ギリシア神話の目から見れば、ナイル河神の娘にあたるメムビスが産み落とした女神リュビエーである。これは重要な点であって、彼の注目するところでもある。ともかく彼のことば（第四巻）に耳を傾けるなら

そもそも何故に本来一つである陸地に女の名に由来をもつ三つの名が附けられ、またエジプトの河であるナイル河、コルキスの河パシス……がその境界線とされているのか、その理由は私には理解に苦しむところであり、またどういう人たちがそのような区分をしたのか、その人たちの名前も、またそれらの命名の由来も私は知ることができぬのである。

ここでヘロドトスは、アジア、ヨーロッパ、リビアという三大陸の名称を、それぞれに「女の名に由来をもつ」と述べているが、すでに二四〇〇年以上も前にして、アジアなる名称がはっきりとギリシアに生きていたことは記憶しておきたい。

さらにいうなら、ヘロドトスにとっては、アジアにくらべてヨーロッパの方が未開の空間であったという事実に気をつけておかなければならない。

アジアについてはダレイオスによって多くの発見がなされた。……しかしヨーロッパについては、その東方および北方がはたして河海に囲まれているか否かを明白に知っている者は皆無なのである。

ヘロドトスの生きていた時代のギリシアにとっては、黒い森の世界であるヨーロッパは、謎に満ちた未開の空間にすぎなかった。さらに彼はヨーロッパの名称の由来となる神話上の女性エウロペに言及し、彼女の名称がどこから来たのか、それを誰も知らないと指摘したうえで、

ヨーロッパも他の二大陸と同様、以前は無名であったに相違ない。ともかくエウロペなる女がアジアの出身であることは明らかで、この女が今日ギリシア人がヨーロッパと称している土地へきたことはなく、せいぜいフェニキアからクレタ、クレタからリュキアまでしかいっていないことも明白である。

現代のぼくたちにとって不思議に聞こえるのは、ヨーロッパの語源となるべきはずの「エウロペ」がアジア出身の女であり、しかも彼女は現在のヨーロッパに足を踏み入れたことはなかったとの指摘である。ヨーロッパも、アジアの娘であったのか。ならば、ヨーロッパとはなにか。

海峡からアジアを読む

もう一度ヘロドトスの地図をご覧いただきたい。その中心は、いわゆるアテナイではなく、小アジア、現在のトルコ共和国が位置するアナトリアである。まず「リビア」は古代エジプト世界とその残存と考えていいだろう。少なくともヘロドトスの時代のエジプトは、すでに国家としての機能を保持していないからである。一方のヨーロッパは、知られざる深い森であった。重要な河川の周辺こそ知られていたかもしれないが、本当にヨーロッパが開発されるのは中世を待たなくてはならない。たとえばカエサルの『ガリア戦記』（岩波文庫、など）などを見てもいいのだが、地中海世界にとってのヨーロッパとは、まさしく野蛮の空間であった。中国から見た遊牧世界との向き合いと比較してもいいだろうか。

むしろヘロドトスにとっては、アジアこそが開かれた空間だったのである。彼のいうアジアは、ほとんどペルシア帝国そのものと重なりあっていた。というよりは、ペルシア帝国の見いだした世界こそが、ヘロドトスにとっての生々しいアジアなのだ。それを、当時の「科学的に知られた」アジアといいかえてもいいけれど、たとえそれが政治的・軍事的に敵対していたにしても、ペルシアの収集した圧倒的に詳細な情報に通暁していたはずのヘロドトスは、おそらく相当こまかくアジアの地理情報にも接していたはずである。

藤縄謙三の指摘に従うなら、ヘロドトスの生きていた当時においては「ヘレスポントス（ダー

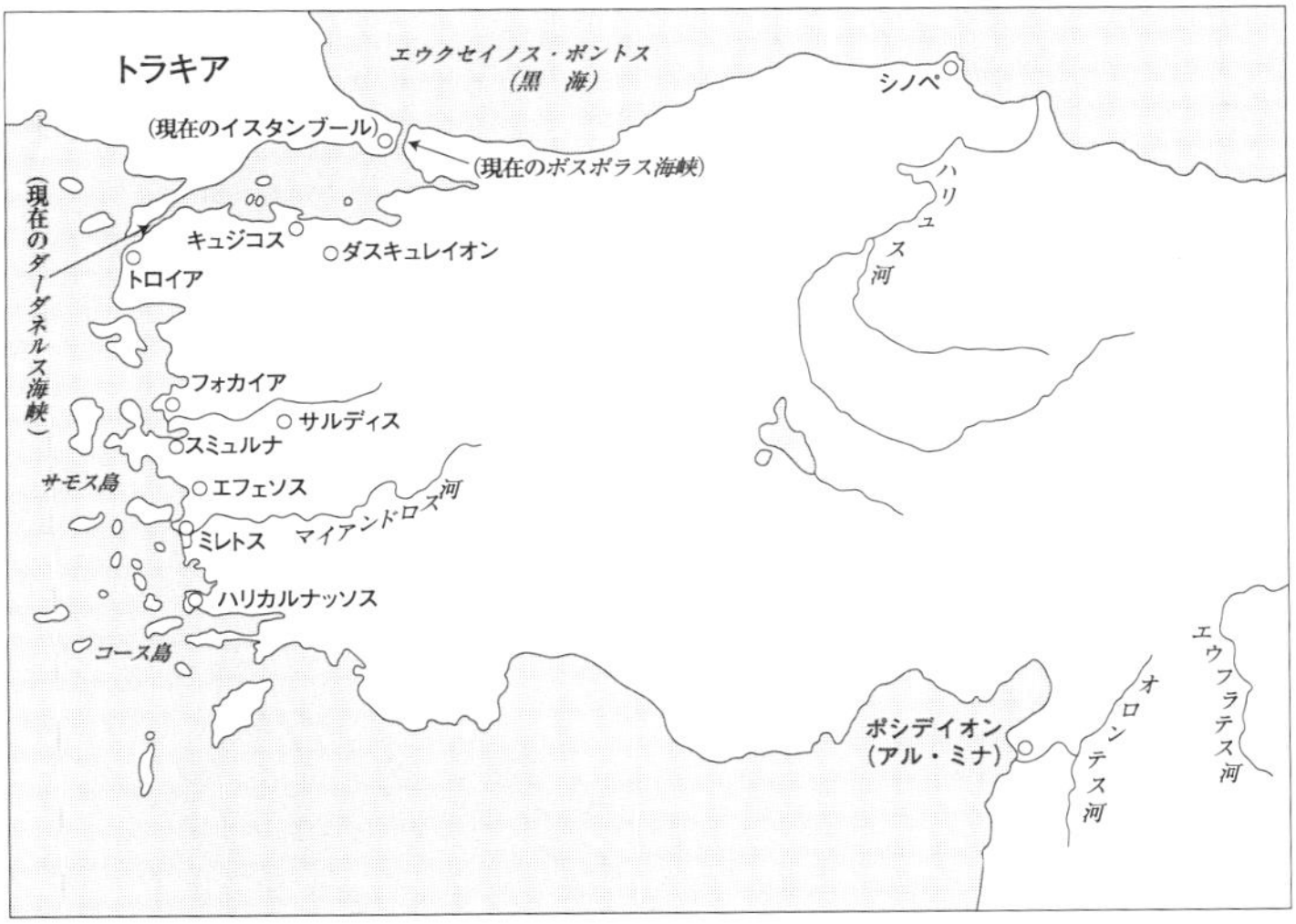

図6　ヘロドトス時代の小アジア（『歴史の父　ヘロドトス』をもとに作成）

ダネルス海峡）や黒海の南岸からナイル河畔までが大体においてアジアであり、同時にペルシア帝国の範囲でもあった。……それゆえアジア大陸というものは、ヘロドトスの世界においては事実上、ペルシア帝国の領土のことであった」（前掲書）というわけである。だから、そのうえで、あえてダーダネルス海峡の故事を掘り起こしているのである。大陸深くに黒海があり、やがてボスポラス海峡からダーダネルス海峡を経て地中海に水がそそがれることになる。

ヘロドトスは、アナトリア半島のなかほどを南北に切り分けるハリュス河を目印にして、この河の東部と西部を「上部アジア」「下部アジア」といい分けているから［図6］、ともかくここらへんがアジアの西のきわなのだろう。

いずれにしても、こうした古代地中海世界の地理感覚からしかアジアなるものは語り出せないのだろうが、ともかくアジアというかぎり、これは避けて通れない道である。アジアがなぜ「アジア」なる名称をもつのか、それをのちにもう少しくわしく語るけれども、くりかえしこの海峡を渡る軍勢について言及しなければならない。そしてこの海峡を渡った大軍としては、数百年後にマケドニアのアレクサンドロス大王があり、二千年後に西欧列強の進軍があり、近年のことは、あらためていうまでもない。みごとに境界は境界たりつづけている。アジアの西の果てを知らなくてはならない。ポルトガル、イベリア半島の極西にあたるポルトガルのロカ岬には、詩人ルイス・デ・カモンイス（一五二五?〜八〇）のことばを記した碑が建っているという。「ここに大地つきはて、海はじまる」と。アジアはどこに終わるのか、それが問われている。

女としてのアジア

アジアという名

この広大な大地に「アジア」と名づけたのは、古代オリエント世界の民族だった。一説にはアッシリア民族がその命名者だといい、また一説には地中海世界のとある海洋民族が名づけ親だともいうが、その真偽は問うまい。いずれにせよ、ぼくたちの知らざる古代から、この大地はアジアと呼ばれてきていたこと、それだけを確かめればいいのである。どこのだれが大地を見つめ、アジアとつぶやいたのかは知りえないことだ。しかし、確かにアッシリアの古代碑文に地名としてのアジアの痕跡が見られることからすれば、この名の由来は、文字の成立以前のはるか古代にまでさかのぼる可能性を秘めているといわなくてはならない。

さまざまな楔形《くさびがた》文字による碑文を解読した研究によるなら、この広大な大地は大きく「açu」

と「ereb」とに切り分けられているという。研究者によれば、前者の「アスー」は〈日の出＝東〉をあらわし、後者の「エレブ」は〈日の入り＝西〉をあらわすというのだが、これこそがアジアとヨーロッパの語源とされるものである。いずれにせよ、アジアという名は、中近東から地中海にかけての西方から与えられた音声であったのだ。そして、この太陽の運行にならって東西を切り分けてきた対をなす音声が、さまざまな民族や文化のあいだで受け継がれ、やがてギリシア世界から新しい名を受けて浮かびあがる。それがギリシア神話にあらわれる「アシアー」と「エウロペ」という二人の女神にほかならない。

アシアーは、大洋をあらわす神オケアノスと、巨人神族の女神テテュスの娘である。いずれも天空神ウラノスと大地母神ガイアの子とされるが、この二人のあいだに世界中の河川の神々と三千人の娘たちが生まれたという。いわばあらゆる水の神の生みの親というわけだが、古代ギリシアの世界観では、世界は平らかな円盤をなしており、水は円盤の果てで地下に流れ落ち、ふたたび地上に伏流するものと思われていた。このような世界を取りまく果てしない水の世界の象徴がオケアノスであり、したがって、オケアノスは大地の果てでもあった。だから、神話の英雄たちが冒険を競いあう最果ての地（ヘスペリスの園）や、生を終えた英雄たちが住む死後の世界（エリュシオンの野）などはみなオケアノスの岸辺にあったのである。だからこそ、アシアーにもまた世界の果てという語感がつきまとう。

さて、やがてアシアーはイアペトスという神と結婚することになるが、このイアペトスもまた巨人神族の一員である。ここに巨人神族と書いているのはティターン族のことであるが、男神六柱と女神六柱とからなる神々は、おそらくはギリシア先住民に起源をもつ神格であり、やがてゼウスを中心とする神々と十数年にわたる闘いをおこない、敗れて冥府タルタロスに追われたとされる。いずれにしても古代の乗り越えられるべき神々であったわけだけれど、だからといって畏怖すべき存在であったことに変わりはない。この二人のあいだには、天空を支えつづける巨人神アトラス、人間のために火を盗んだプロメテウス、パンドラの夫となるエピメテウス、オリュンポスの神々と激しく闘ったメノイティオスなどが生まれたとされる。つまりアシアーとイアペトスの結婚は、ギリシア世界の彼方に息づく荒ぶる神の空間を生き生きと描いているのだ。

神の恋物語

対するエウロペであるが、こちらの女神にかかわる物語はよく知られているので、かいつまんで記しておく。

あるときゼウスはテュロス王の娘であるエウロペを目に留め、たちまち恋に落ちてしまった。その恋の激しさに耐えきれず、翌日になってゼウスは素晴らしく白い牡牛に姿を変えると、侍女たちと花を摘んでいたエウロペのもとにあらわれた。侍女たちは牡牛の美しさに目を見張り、王女に跨《またが》ってみるように勧めた。すると牡牛はたちまち全速力で駆けだし、海岸に達しても足を止めることなく海を泳ぎ切り、とうとうクレタ島へと渡ったのである。この地中海の中心に浮かぶ島こそ、ゼウスの生まれ故郷といわれている場でもあった。やがて二人のあいだには、ミノス、ラダマンテュス、サルペドンという三人の息子が生まれたのだが、いずれも偉大な王として語り継がれ、一方でエウロペの兄のカドモスは妹を捜して世界を遍歴し、ついにテーバイの地に王国を築くことになる。

この恋物語は魅力的なもので、しばしば絵に描かれ、詩に歌われてきたが、おそらくはギリシアに侵入してきたインド＝ヨーロッパ語族が、先住民族の神話と混交しながら産み落とした物語なのだろう。この物語をミノスに代表される新しい文明＝秩序の誕生をしるしづける図式としてみてみると、新石器時代から青銅器時代に移行するなかで急速に発達していった新興文明こそ、このクレタ文明であったとわかる。その絶頂期は、紀元前二〇〇〇年から数百年であったと思われるが、エジプト王朝との正式な外交関係ももっており、その他のさまざまな文明との交渉も盛んにおこなっていたと想像される。

これが「ヨーロッパ」の語源としてのエウロペの物語だが、しかし、よく考えてみると、彼女の出身地であるテュロスとは現在のレバノンにあったフェニキアの海港都市であり、現在の地名でいえばスールにあたる。また聖書でもツロと記されており、エジプト王朝やソロモン王との交易が古代からおこなわれ、カルタゴのもとで繁栄したと伝えられている。とくにテュロス紫と呼ばれた巻貝からとる染料の産地として有名であった。ともかく、今日の視点からいえば、エウロペは現在のヨーロッパより遥か南東で生まれ、恋し、生きたのだ。エウロペの誘拐といえば、なんとなくギリシア＝エーゲ海からクレタ島への旅を思い浮かべるのだが（北から南へ）、じつは東から西への旅であったわけである。すでに触れたヘロドトスのことば「エウロペなる女がアジアの出身であることは明らかだ」という指摘は、こういう意味なのである。

だから紀元前九世紀ころのギリシア資料、たとえばホメロスの『アポロン讃歌』などでも、エウロペが象徴するのはペロポネソス半島とエーゲ諸島のみであって、それより東方はアシアーの世界であったと思われるのである。ゼウスはアジアの女に恋したのか。

ふたたびヘロドトス『歴史』（松平千秋訳、岩波文庫）の冒頭を見てみると、そもそもペルシアとギリシアの闘いの原因はフェニキア人のふるまいにあり、彼らはエジプトやアッシリアの物産を運んでギリシアにもやってきたが、アルゴスでイオという王女を掠奪《りゃくだつ》するという暴挙をおこなった。すると今度はクレタ人と思われるギリシア人がフェニキアに侵入し、王の娘のエウロペをさらってしまう。さらには王女メディアの掠奪、ヘレネの誘拐などといった出来事が続くのだが、ついにギリシアが軍を立ててアジアに攻め入ろうとしたために、ペルシアはこう非難した（第一巻）。

そもそも女を掠奪するというのは悪人の所業であるに相違ないが、女が掠奪されたことに対して本気で報復しようとするなどというのは、愚か者のすることであり、奪われた女のことなどは全く顧みないのが賢明な態度であると彼らはいう。……ペルシア人の言い分では、アジア側は掠奪された女のことなどは問題にもしなかったのに、ギリシア人の方はスパルタ女の為に大軍を集め、アジアに進攻してプリアモスの国を亡ぼしてしまった。爾来ギリシアを自分らの敵であると考えているのだ、と。

きわめて合理的な神話解釈で驚いてしまうが、これをゼウスの恋の真相とはいわないまでも、すでに生々しい歴史と事実がアジアとヨーロッパ（ギリシア）のあいだに横たわっていたことは確認しておくべきだろう。

太陽と女たち

すでに述べたように「アジア／ヨーロッパ」という切り分けは、もともと太陽の運行にしたがって生まれた東西をめぐる古代の方位感覚にもとづいていた。砂漠をゆく古代キャラバンの経験か、あるいは海原を渡る船団の知恵か、ともかく太陽と星とは、古代人にとって欠くことのできない方位を知る手だてだった。いま太陽や星の神話をたどることはしないが、東に陽が昇り、やがては西に沈んでゆく不思議を、人々は日々に感動をもって眺めていたことだろう。

だからこの「日の出＝東／日の入り＝西」というメタファーは、その後の世界でも多様にくりかえしあらわれている。ここでは単純に列挙するが、ラテン語では「はじまる、発する」を意味する動詞〈*orior*〉と、「沈む、滅びる」を意味する〈*occido*〉から「Orient＝東方／Occident＝西方」という対語が生まれている。ちなみにオリエントから派生した語「Orientation」は、今日では方向づけとか適性指導といった意味で使われるが、本来はキリスト教会で祭壇が東に、入り口が西になるように建てることを意味し、また東に向かって礼拝したり、足を東向きに埋葬する慣習についても同じ語を使う。「日の出に向きを定めること」というわけか。現代ドイツ語でも、アジアを「Morgenland＝日の出の国」、ヨーロッパを「Abendland＝日の入りの国」と呼ぶ。アラビア語にも「*mashriq*＝日の出の国」、「*maghrib*＝日の入りの国」という対語があり、東方と西方をあらわすが、スペインのアンダルシア地方がアラビア圏であった当時は、東がメッカにあたるためにマシュリクはそのまま聖地の意味となった。その逆にメッカから見て西に当たる北アフリカのイスラーム世界にたいしては、いまでも「マグリブ地方」という呼称が使われている。聖徳太子の語とされる「日出処《ひいづるところ》の天子」については、あらためていうまでもない。

さてヘロドトスは「そもそも何故に本来一つである陸地に女の名に由来をもつ三つの名が付けられたのか」と問いかけ、アジア、ヨーロッパ、リビア（アフリカ）という三大陸の名称に疑問を呈していたが、それぞれの名称の起源神話はみな女神に仮託されているわけだから、それほど疑問はないようにも思える。とはいえ、エウロペもアジアの女だというヘロドトスの指摘を思い起こそう。リビアはともかくも(彼女はエジプトの女神である)、アジアこそが女なのではないか。

図7　「アジア」の擬人像（チェーザレ・リーパ『イコノロギア』）

唐突だが、一五九三年に初版が出たチェーザレ・リーパの書物『イコノロギア』に、アジアを象徴的にあらわす右上のような擬人像がある［図7］。

もちろん十六、十七世紀のアジア観だから、これまで述べてきた事柄とはおおいに隔たりがあるが、ここでアジアをあらわす女性は、右手に穀物のようなもの、左手には香炉、そしてエキゾチックな植物文様の衣服を着て、背後にはラクダがひかえている。いわば彼女は、東方の豊饒をあらわす存在なのだ。水の神の娘アシアーは、いわば自然の生産力であり、豊かな実りや珍しい香料、高価な宝石や、さらには人間が最初に文明を築いた世界でもある。しかし、その一方で自然は野生の破壊力の体現でもあり、都市を破壊する洪水や不毛をもたらす砂漠の驚異をもかかえている。おそらく当時のヨーロッパの人々は、聖書に出てくるシバの女王や東方三博士の物語を連想したことだろう。芳しい香料をもたらすと同時に、苛酷な難問を投げかけてくるうるわしの

図8　「ヨーロッパ」の擬人像（同）

図9　「アフリカ」の擬人像（同）

野生。同じ本のヨーロッパとアフリカの擬人像とくらべてみてほしい。こちらは両極端な固定観念で満ち、ヨーロッパは王冠をかむっているのに、アフリカは象の鼻を頭にしている［図8、図9］。

すでに十七世紀には、ヨーロッパはアジアもアフリカをも視野に入れて、広範な植民地化を図っていた。事の当否はともかくも、あらゆる情報を手中にしてアジアを見ていたはずである。けれども、太陽の昇ってくる東方に豊かさを求める幻想は消えていない。ざっと四千年ほどの時間の流れのなかで、ヨーロッパにとってのアジアは女性でありつづけてきたのではないか、というのがぼくの思いである。後にヘーゲルは、アジアを大いなる女性原理であり、大自然そのものであると書いているが、それは彼に限ったことではない。なぜなら水の流れの源は、すべてアジアだからである。

旅のなかのアジア

旅する人類

はるか昔、人々は旅をはじめた。やがて人類と呼ばれるようになるはずの最初の人々が、大地を歩きはじめる。

今からおよそ四〇〇万年前から一〇〇万年前にかけて、地質年代からいうなら鮮新世から洪積世、沖積世の初めにかけて、礫《れき》石器をあやつる初期の人類が南アフリカから東北アフリカの各地へと拡がっていったと考えられている。猿人、原人などと呼ばれる最初の古生人類にあっても、ホルドという群社会を形成し、やがて火の使用や言語の使用など、他の動物たちとは決定的に異なる特性を獲得しはじめていたようだ。人類がいつから言語を使うようになったかは、諸説紛々の状態で、まだ決着がついていないけれども、発掘された遺骨の脳容量や、それにともなう石器

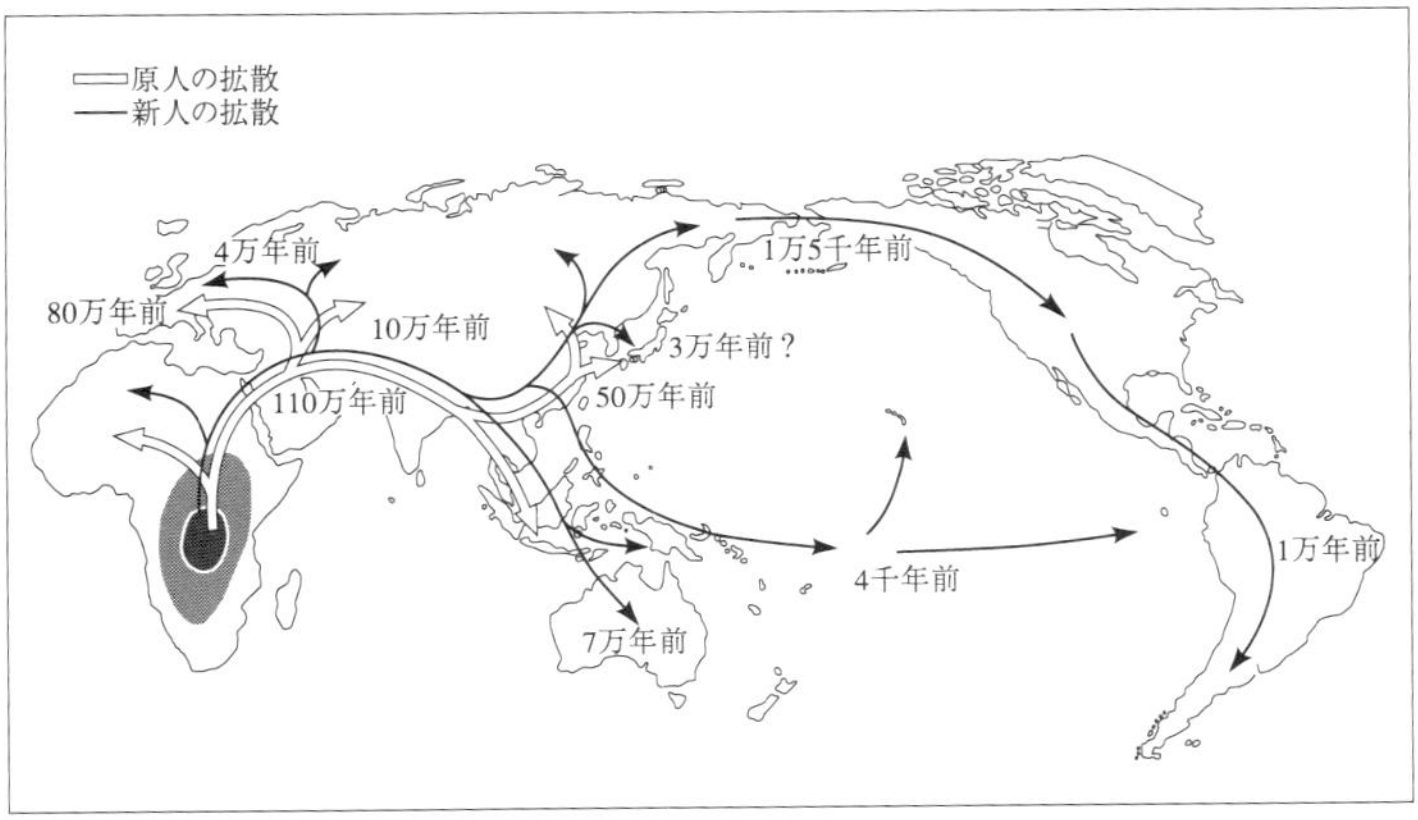

図10　人類の拡散。人類は様々な環境に適応して、新たな居住域を開拓し、世界中に拡がった。

の製作過程の展開などから、二〇万年前にはある種の言語使用がおこなわれていた可能性があるという。やがて旧石器時代の中期にはいると死者の埋葬儀礼のおこなわれた痕跡が見られるようになり、石器の製法も飛躍的に発展するが、これがおよそ一五万年前から五万年前ということになる。ネアンデルタール人などに代表される旧人の世界であり、氷河期の末期に相当する。

このころから人類は、その故地であるアフリカから遠い世界に移動しはじめたのである。やがて新人、つまりは現世人類の祖先があらわれてくると、彼らは永い年月をへて世界中に散らばってゆき、たとえば周口店上洞人のように東アジアにも達し、やがて凍結したベーリング海峡を越えて北アメリカから南アメリカへ、また海路をへて東南アジア、オセアニアからハワイにまで向かってゆく。太平洋の真ん中に位置するハワイに人類が痕跡を残すのは約四〇〇〇年前だから、十数万年にわたる旅がおこなわれていたことになるわけだ。もちろん想像の域を出ないことだけれども、最初期からいえば三〇〇万年を超える人類史の九九パーセントは狩猟採集経済と遊動生活に終始してきたといえるのである。こうした初期の人類のおこなった移動を今日の旅と同一視することはできないが、氷河期から抜け出そうとする地表をさまよい、動物や植生の変化を追いながら、人類は旅してきたのだ。いわば人類は、残りの一パーセント、その歴史の歩みのごく最近になって定住と農耕とを選択したのであり、それが爆発的な都市文明と社会経済の拡大を生み出し、まったく別の旅（たとえば宇宙旅行）に目を向けるようになった。そうした新たなステップを前にして旅をつづけていた初期人類にとっての最大の往還路が、まさしくアジアだったのである。

さて新人は移動生活のなかで、新たな技術を多く生み出してきた。たとえば骨格器のなかに有孔針が見られることが重要である。つまりは糸を通す穴のあいた針ということだが、氷河期を生き抜いてきた旧人に対して体力的に大きく劣っていた新人は、その差を埋めるべく、毛皮を縫いあわせて服を作ったりしたものだろう。ところがその行為は、どのような袖や襟があれば快適なのか、どのような縫製が寒さや雨露から身を守ることに役立つのか、その可能性に向けて衣服をデザインしてゆく想像力の存在を証拠立ててもいる。この新人たちの時代、後期旧石器時代は、洞窟壁画や人物をかたどった偶像などのあらわれる芸術表現のはじまる時代でもあった。そしておよそ五〇〇〇年前ころ、さまざまな巨石記念物があらわれ、定住と農耕文化の活発化とともに、社会的には階級分化の展開（国家のはじまり）、技術の問題からいえば織物や金属の製法の発展などが具体的に姿を見せはじめ、さまざまな象徴的な表現のあらわれ（神話や貨幣の登場）が認められる。時代は新石器時代となり、文明と呼びうる社会がうっすらと見えてくることになるのだ。人類の最初の旅、アフリカからさまざまな大地へ人々が最初の足跡を記す旅が、こうして終わることになるのだが、それは新たな旅のはじまりであった。

こうした人類最初の旅のなか、人々が見たであろう風景や、さまざまな困難と喜びとを想像して、ぼくはおおいにうらやましく思う。宿もなく、ガイドもない旅。生きるための旅であり、一歩一歩のすべてが新天地であった旅。人間は旅するために生まれてきたのだ。おそらくは多くの動物たちの移住や気候変動などにうながされた否応《いやおう》なしの旅であったとも思うのだが、それは人間が多くのことを学びとる、発見と創意にあふれる進歩の旅でもあったろう。駆け足で初期の人類史を概観してみても、移動する人々の歩みは、今のぼくたちにも大いなる意味を投げかけている。

旅する意味

アジアについて語ろうとするとき、旅を無視して語り出すことは困難である。

たとえば芭蕉は、その「おくのほそ道」の冒頭に次のような有名な一句を書きつけている。

月日は百代《はくたい》の過客にして、行《ゆき》かふ年も又旅人也。舟の上に生涯をうかべ、馬の口とらへて老《おい》をむかふる者は、日々旅にして、旅を栖《すみか》とす。古人も多く旅に死せるあり。予もいづれの年よりか、片雲《へんうん》の風にさそはれて、漂泊の思ひやまず。

この書について蓑笠庵梨一《みのかさあんりいち》があらわした注釈書『奥細道菅菰抄《おくのほそみちすがごもしょう》』は、このくだりが、まさしく「天地の運旋、日月の行道を旅に喩《たと》ふ」ものであると記している。つまりは太陽の運行や自然の変化になぞらえられて旅がおこなわれるものであると芭蕉はいっていると、そう判断しているのだ。なるほど、天地宇宙、森羅万象のあらわす変転はすぐれて永遠の旅人の謂《い》いである。ここには旅なるものの本質が隠れているのではなかろうか。すでに述べてきたように、アジアとは太陽の運行にはじまる名なのであるし、それは人類の発生以来の感覚でもあった。ここでいわれる古人とは、西行や宗祇のことにほかならないが、それはまた名も知られぬ古代の人々の旅のあらましをも暗示してはいないだろうか。

柳田國男は「旅行の進歩および退歩」(『青年と学問』岩波文庫)という一文のなかで、次のように書いている。

タビという日本語はあるいはタマハルと語源が一つで、人の給与をあてにしてあるく点が、物貰いなどと一つであったのではないかと思われる。英語などのジャーネー（journey）は「その日暮らし」ということであり、トラベル（travel）はフランス語の労苦（travail）という字と、もと一つの言葉らしい。すなわち旅はういもの辛いものであった。以前は辛抱であり努力であった。

もちろん芭蕉も柳田も、ネアンデルタール人やクロマニヨン人の旅を連想しているわけではないが、旅が単なる楽しみではなく、命を懸けた切実な思いから発していることを忘れてはいない。柳田の別の文章によるなら、

今でも真に旅らしい旅をするとなかなか骨が折れるが、昔はなおさらのことであった。それでも西行法師とか宗祇とか芭蕉とか有名なる旅人はかえって昔の方が多かった。すなわち何かは知らぬが、この人たちが、わが身のためになると考えたことが、その苦しい中にもあったのである。

（「旅行と歴史」、同書）

人類史の初めにアジアを渡っていった人々の記録は、もちろん何も残されてはいない。ただ墳墓

や住居の痕跡がかすかに残るばかりである。しかし、初期人類の旅にこだわってしまうのは、まだアジアともなんとも呼ばれていない空間を歩んでいった人々のあったこと、その風景を見つめながらここそこに人間の足跡を残していった人々のあったことを記憶に留めることから、アジアについて語りだしたいからである。なぜ人々は移動をつづけたのだろうか。何世代ものあいだ、どうして人は東に向かって歩きつづけたのだろうか。そのとき、地図も情報もないまま、ひたすら歩きつづけた人々の道しるべは、ただ太陽や月、星々の運行だけだったはずである。その思いを、まずは確認しておきたい。

アジアを旅する

人間はなぜ旅をするのか。そこにはいくつもの意味が見いだせるだろう。簡単に列挙すれば、

1　食料を求める旅（狩猟から遊牧へ）
2　戦争としての旅（空間支配への欲望）
3　商業のための旅（経済ネットワークへの欲望）
4　知識を求める旅（見知らぬ叡智への欲求）
5　自己を解放するための旅（失われた私を求めて）

などといった事柄を思いつく。人はなぜ旅に出るのか。たとえば、ひとつの森を食い尽くして別

の森へと移ること、ひとつの国を食い尽くして別の国を求めること、より多くの利益や新たな物産を求めて歩くことなどの理由があるだろう。また新たな知恵や驚くべき才能との出会いを求めてさまようことや、また失恋したり経済的に破綻したりして自分を失ってしまったときにも、人は旅に誘われる。いずれにしても旅とは「ここ」から「どこか」への移動である。とりあえず「ここ」ではない場所へと身を移すこと、それは新たな可能性を求める歩みでもある。近代的な旅なら、さらにいくつかの項目を立てることもできるだろうが（巡礼とか観光とか）、それはのちに語ることである。

ふたたび柳田國男にしたがうなら（「旅行の進歩および退歩」）、「［昔の文人は］あらゆる事件あらゆる境遇、なるべく多くの変化に遭遇するために旅行を企て、また見聞を文章にしようとした」という姿勢をもっていた。ここで柳田の想定した「文人」なるものは限定されていると思うが、ここからアジアの旅の記録として最初に言及されるべきは、やはりヘロドトスである。

ヘロドトスは直接の見聞を求めながら東方世界を広く旅行したといわれるが、その足跡は黒海北岸からフェニキア諸市やバビロンにいたり、またエジプトではナイル川をさかのぼり、アフリカ北岸のキュレネにまで足を延ばしている。その結果として残された『歴史』には、彼以前のアジアの地理学的な記録が多く再録されており、歴代ペルシア王の遠征地についての記述は、今日に知られる最古の西アジアの姿を残している。その記述はユーラシア大陸の西半分におよび、ジブラルタル海峡からインダス河にいたる空間についての詳細な記録を見ることができる。もちろん彼の記述の背景には、すでに失われたペルシアの詳細な地理学書の存在があり、アジアの奥深くを旅してきた無数の人々の歩みがある。

一方、司馬遷《しばせん》（紀元前一四五～八六年？）は『史記』のなかに張騫《ちょうけん》（？～前一一四年）のことばとして、次のような語を書きつけている（「大宛《だいえん》列伝第六十三」小竹文夫他訳、ちくま学芸文庫）。

安息《あんそく》（パルティア）は大月氏《だいげっし》（ソグド地方）の西数千里ばかりの所にあり、その風俗は土着して田畑を耕し、稲や麦を作り、葡萄酒を産します。……記録は皮革に文字を横書きにします。
その西には条枝《じょうし》（シリア）、北には奄蔡《えんさい》（アルチャク）、黎軒《れいけん》（ローマ）などの国があります。

司馬遷その人は、みずからは生々しい旅に生きた人ではないけれども、その想いは旅そのものであったろう。漢の武帝の命を受けて西域を旅した張騫と半ば同時代人であった司馬遷にとって、ローマという世界はどのように映ったのだろうか。張騫についてはのちに触れるけれども、すでにユーラシアの東西はたがいを見知っていたのであり、その道を渡った人もいたのではないか。

このとき、アジアを横断した人々の最初の足跡から数十万年をへているわけである。東西世界がたがいを知らないわけがない。とはいえ、文明が生まれ、国家が生じている世界にあって、旅人の意識も変化し、その環境も変容する。村から村へ、都市から都市へ。記録にあらわれるアジアの旅をたどるとき、そのはじまりを、くりかえし想起しておきたい。

東から西へ

歴史の声

もし、現世人類の起源が本当にアフリカ南部であったのなら、現在アジアと呼ばれている空間を最初に踏み越えていった人々は西から東へと向かったのだろう。そしておおくの考古遺物は、そのことを証拠だててもいる。だが、ここでは歴史時代のことに話をかぎっておこう。つまりは文字によって確認できる歴史のことである。

人類史を大きく切り分けると、先史時代と歴史時代とに二分できる。これは「史」が生まれる以前と以後という意味だが、そもそも漢語の成り立ちからいえば「史」とは手をあらわし、手を用いて数を計算する行為、さらには天体の運行の計算から暦を作成する作業を暗示していた。ここから「史」は、人間にかかわる森羅万象の記録をつかさどる意味をもちはじめて、ついに「史」

（和語でいうなら「ふみ、あや」）は人類史を画期することになるのである。西欧諸語にいう「歴史」は、基本的に〈語り〉をもととし、たとえば英語の history は「知る」をあらわすラテン語の *histor* を語源とするが、現代イタリア語で「歴史」を意味する語が storia であることは、そこにヘロドトス以来の伝統である〈語る〉行為（＝story）が内在していることをしめしている。あるいは現代ドイツ語でも「歴史」にたいして Geschichte［語られたこと］というニュアンスを与えていることを確かめておくべきだろう。もちろん「史」は文字に書かれた歴史を意味するけれども、その文字の背後には延々たる声の伝えが存在しているのである。

司馬遷《しばせん》が『史記』の執筆を開始して七年目の紀元前九八年、匈奴《きょうど》討伐に奮戦しながら捕虜になった李陵《りりょう》を弁護したため武帝の怒りに触れ、宮刑（男根切除）の恥辱を受けたことは有名である。彼は恥を忍んで生きのび、二年後には宦官《かんがん》として宮廷に復帰し、中書令（天子の秘書長）になるのだが、どうしてそれほど『史記』の完成に執着したのだろうか。すでに何度も投げられてきた問いではあるのだが、そこに司馬遷の声を聞きとれるだろうか。

張騫の旅

司馬遷は紀元前一四五年ころの生まれとされるから、紀元前一一四年ころに没した張騫《ちょうけん》とは同時代人ということになる。どういう資料をもとに司馬遷が「大宛《だいえん》列伝」をあらわしたのか、張騫と出会ったことがあるのかどうか、ぼくには知るよしもないが、その筆致はきわめてリアルである。

漢の武帝は、捕虜とした匈奴の者たちが口々に「匈奴の王の冒頓単于《ぼくとつぜんう》は月氏《げっし》の国王を打ち破り、王の頭蓋を杯としています。月氏は逃げて、常にこれを恨みに思い、匈奴を仇としていますが、共同して匈奴を撃とうとする国がありません」と述べていることを聞き、月氏に使いを通じたいと思ったが、そのためにはどうしても匈奴の領内を通らなくてはならなかった。そこで人を募ったところ、進み出てきたのが張騫であった。前一三九年、彼は甘父《かんぷ》という胡人を連れて出発した（「胡」とは中国の西域をしめす語である）が、隴西《ろうせい》（甘粛）から漢の勢力圏を一歩出た途端、たちまち匈奴に捕らわれ、十数年ものあいだ囚われの身となった。その間に女をあてがわれて妻とし、子までなしたが、皇帝から賜った使者の符節を肌身から離すことなく、あるとき隙を見て脱出し、西に走ってついに大宛へとたどりついた。（『史記』小竹文夫他訳、ちくま学芸文庫）

大宛とは中央アジアのフェルガナにあたり、現在のウズベキスタンにその地名が残るが、司馬遷の述べる大宛国とは、アム・ダリア（河）の中流域に広がるフェルガナ盆地を漠然と指すものだろうか。タジキスタン、キルギスなどとも交差するこの広大な盆地では、アーリア系の民族がすでに農耕文化を築いていたと思われる。

さて張騫の一行は大宛国でおおいに歓迎された。彼らもまた漢との通商を望んでいたからである。そこで張騫に「どこへ行こうというのか」と問うと、彼はこれまでのいきさつを述べて、月氏まで道案内をつけてほしいと乞うた。大宛はそれを受けいれ、まずは康居国《こうきょ》(現在のキルギス地方)まで彼らを送り届け、康居はさらに一行を大月氏まで案内していった。大月氏とはイラン系に属する遊牧民族で、もともとは現在の中国甘粛省付近にいたらしいが、匈奴に打撃を受けたため(紀元前一七六年ころ)、一部は中国辺境に残留し(小月氏)、一部は西方に逃れて現在のアフガニスタン北部にあったとされるギリシア人の王国バクトリア(大夏《たいか》)を征服したとされる(大月氏)。張騫が訪れたのは、この大月氏にほかならない。おそらくアフガニスタンの古都バルフ近郊であろう。

ところが張騫がようやくたどりついた月氏国は、アレクサンドロス大王の興した都市国家バクトリアを属国として手中に収め(この都市の古名はまさにアレクサンドリアであった)、土地は肥沃で外敵もおらず、いまさら匈奴と報復戦をおこなう気などさらさらなかった。そこで張騫は大夏まで出向き、あれこれ画策してみたものの、一年あまりをすぎても成果が得られなかったので、ついに帰国することにした。そして帰途についたとたん、ふたたび匈奴に捕らえられ、拘留されて一年がすぎたころ、単于が死んで混乱が生じたため、それに乗じて脱出し、ついに故国に戻ることができた。出発の時には百人あまりいた一行も、帰国できたのは張騫と甘父の二人きりであったという。

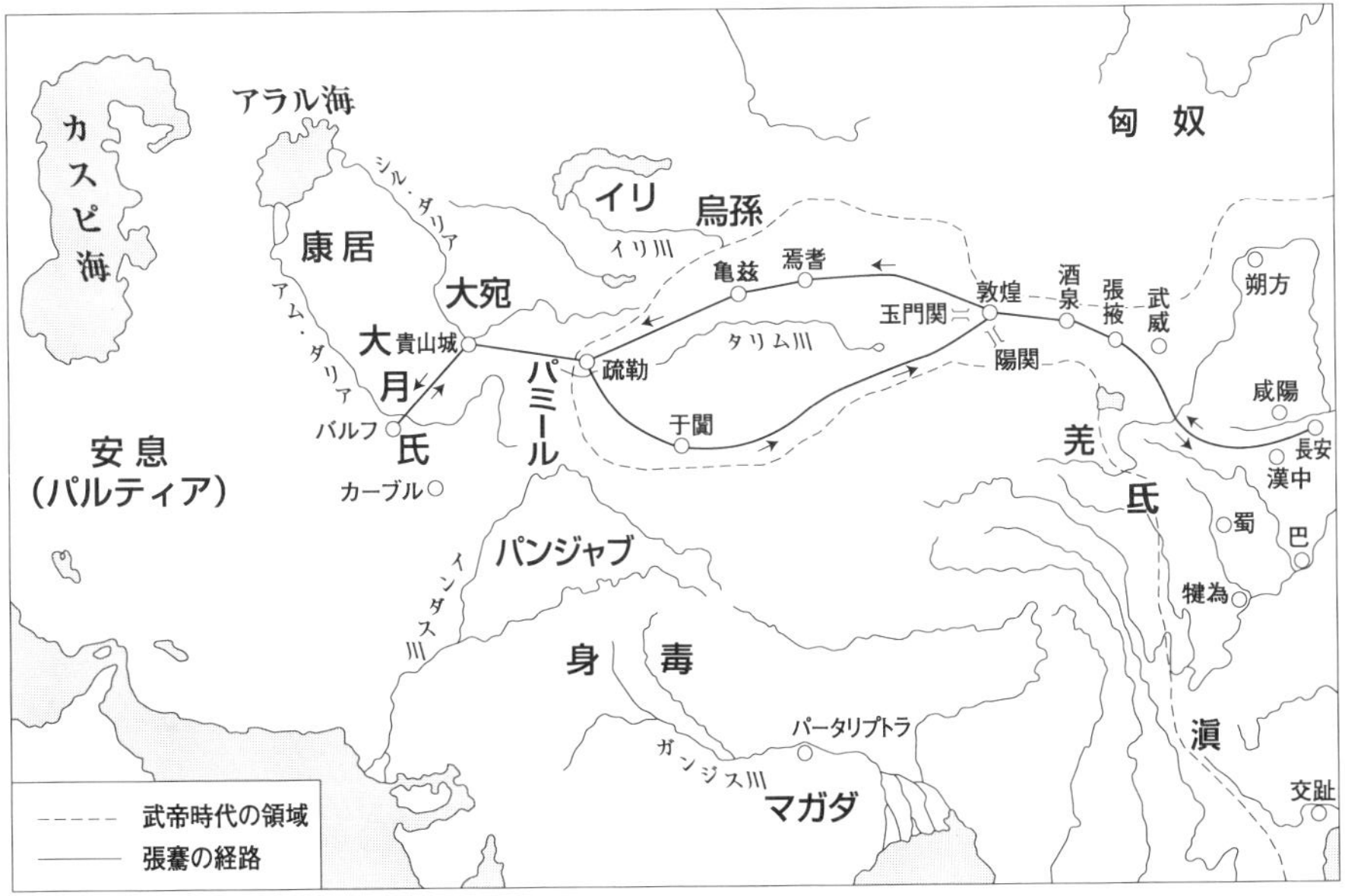

図11　前漢時代の中央アジア（深田久弥『中央アジア探検史』白水社をもとに作成）

その後も張騫は数度にわたって西域を旅し、また軍を率いて異域に踏み込んでいった。そしてその見聞をたびたび皇帝に奏上したので、やがて彼は博望侯と称されるようになった。たとえば天山《テンシャン》山脈から流れ出すイリ河（中国名は伊犂河）周辺にいた遊牧民の烏孫《うそん》は、漢と匈奴の政治的な綱引きのあいだで翻弄され、あるとき漢の怒りを恐れて馬を献上してきた。

天子が易書をひらいて占ったところ、〈神馬が西北より来るだろう〉とあらわれた。烏孫の馬を手に入れると、はたして良馬であったので、天馬と名づけた。さらに大宛の血のような汗を出す馬を手に入れてみると、いよいよ見事な馬であった。それで改めて烏孫の馬を西極と名づけ、大宛の馬を天馬と名づけた。

いわゆる汗血馬の名のおこりであるが、この烏孫との関係を最初に築いたのも張騫である。

さらに西へ

やがて後漢時代になると、中国と西域との関係はより密になってゆく。紀元後の七三年、西域への使者を命ぜられた班超は、鄯善《ぜんぜん》国（元の楼蘭《ろうらん》）で匈奴の使者のテントを急襲し、それをきっかけに匈奴の勢力を駆逐することになった。その時に発したことばが、有名な「虎穴に入らずんば虎児を得ず」である。そして班超は、長く西域の経営をおこなっていたが、九七年、部下の将であった甘英《かんえい》に命じて大秦国《だいしん》（ローマ）との通商を試みようとした。甘英は安息国《あんそく》（パルティア）を過ぎて条支国《じょうし》（シリア）にまで達したが、そこからローマへの海路は危険すぎるとの情報に接したため、ついにそこから引き返したという。

この旅の記録は明確ではなく、その海というのもペルシア湾説、地中海説などさまざまであり、また彼の得た情報というのは絹の仲介をめぐる利権争いを元とするソグド人の謀略だとの説まであって（いかにも空想的だが）、事の真相は謎のままである。だが、甘英がどこまで達したかはともかく、彼が西アジアに関するおおくの情報を中国にもたらしたことは確かであって、またローマについてのかなり正確な知識を中国がもっていたことは、パルティアとの交渉のあったことなどからいっても当然なのかもしれない。パルティアはミトリダテス二世の時に中国と関係をひらくのだが、そのころはメソポタミアやアルメニアへと進出し、また西北インド、アフガニスタン、東部イランをも支配しており、ローマとも関係が深かった。ローマのトラヤヌス帝のパルティア遠征がおこなわれるのは一一三年から一一七年にかけてのことなのである。

法を求めて

さて、向きは反対ながらも、パルティアと中国との関係を見るとき、きわめて興味ぶかい旅人がいる。それは二世紀の人である安世高《あんせいこう》という仏教の学僧で、パルティアから来たと伝えられる。パルティア（安息）出身なので安という名をもつわけだが、かの安禄山《あんろくざん》も家系としては西域出身であり、こうした例はしばしば見られる。この安世高は、もともと王子として国王の地位をつぐべき人物であったにもかかわらず、父の死にともなって国王への就任を求められたとき、それを嫌って王位の継承権を叔父にゆずってしまい、そのまま出家してしまう。やがて仏教を深く学び、アビダルマ（教法研究）に精通したという。この人物が一四八年に洛陽にあらわれ、以後二〇年間を仏典の漢訳に捧げたというのである。その数三三四部四〇巻と伝えられるが、おそらくは伝説の域を出ない。だが、その訳と称される仏典の一部が残存しており、小乗系の初期仏典であることから、いずれにせよこのころ仏教が西方から伝わりはじめていたことは確かだろう。その意味で、仏典の将来者をパルティアに結びつける想像力は、なかなかに現実的なのである。さらに同じころ、安玄《あんげん》というパルティア出身の僧が中国に来たとの話も残るが、これはいかにも漠然としている。

中国における仏教伝来の最古の記録としては、まず『魏志《ぎし》』に引用されている『魏略《ぎりゃく》』の記述があり、それによると、紀元前二年、大月氏王の使者であった伊存《いそん》という人物が中国の学者に仏典を口授したという。ここから張騫こそが最初にバクトリアから仏教をもたらした人物だとの推測が生まれたりもするのだが、ギリシア都市としてのバクトリア王国が滅亡した後、紀元後一世紀ごろにはガンダーラ地方から仏教美術が伝播し、北方におおくの寺院が建立されたと思われることから、なんらかの交渉があったかもしれない。少なくとも張騫はインドについての情報をもっており、インド帰りの商人から聞いた話を奏上している。

　身毒国（インド）は大夏の東南数千里ばかりにあり、その風俗は土着し、大夏とすこぶる似て暑くて湿気が多いということです。その人民は象に乗って戦争し、その国は大きな河に臨んでいます。

仏陀《ブッダ》の入滅は紀元前三八三年といわれるし（別の説もあるが）、アショーカ王が仏教に帰依して広くインドから中央アジアにかけて仏教を広めたのも前三世紀の半ばであるのだから、張騫が仏教の存在を耳にした可能性は大きい。

　また後漢の紀元後六四年、明帝が夢に金人（当時の中国における「仏」の異名）が庭に降りたのを見て使者を月氏国に送り、迦葉摩騰《かしょうまとう》と竺法蘭《じくほうらん》という二人の僧を招聘《しょうへい》して、洛陽の白馬寺で経典を訳出させた、との伝承もある。仮に仏教が伝わっていたとしても、もちろん名もなき商人や旅の僧がその伝達者であったかもしれないし、あるいは西域に進出した軍隊の兵士ということもある。いまは想像をめぐらすばかりのことだが、そんなさまざまな人々の歩みが、すでにアジアの各地に拡がっていたのだ。

やがて、中国からインドへ仏典を求めて旅する僧があらわれてくる。その嚆矢《こうし》となるのが朱子《しゅし》行《こう》という僧で、経典の意味の通じないことを嘆いて『般若経《はんにゃきょう》』の原本を求める旅をこころざし、二六〇年に出発して中央アジアのタリム盆地にある于闐《うてん》（ホータン）に達したが、そこで得た経典を故国に送ったのち、その地に客死したといわれる。すでに司馬遷は「大宛列伝」のなかで于闐に触れ、黄河の源流はこの地にあり、その山にはおおくの玉が産する、と述べている。以後、いく人もの僧が西方に向かい、経典を得た者もあれば、いずこかで姿を消した者もあった。なにより特筆に値するのは、法顕《ほっけん》の旅である。彼こそはパミール高原の山塊を踏み越えてインドに入った最初の人物である。彼はインダス河の上流をなす渓谷で、けわしい崖っぷちに掛けられた梯《はし》子《ご》や吊り橋を踏み、いくたびも死を覚悟した。のちに法顕は、この地こそ「漢の張騫や甘英もみな至らなかったところである」と述懐するのだが、その感慨は張騫の旅立ちから五百年以上も後のことなのである。

山を越え、海を渡り

老僧、砂漠を越える

真実を求めて旅する人は、いまは多くない。旅は簡便なものとなったし、観光や貿易などは、あたりまえの行動となっている。しかし古代の旅はそうではない。宿もガイドブックもないまま、しかも敵か味方かわからない異言の民のなかを歩くのである。そうした旅への決意は、まっすぐ死を賭したものであったはずだし、事実、旅に死んだ人の群れは数えきれない。かつてＮＨＫ「シルクロード」シリーズが制作されたとき、その冒頭におかれた語は

沙河《さか》中はしばしば悪鬼、熱風が現れ、これに遇えばみな死んで、一人も無事な者はない。空には飛ぶ鳥もなく、地には走る獣もいない。見渡すかぎり、行路を求めようとしても拠り所

がなく、ただ死人の枯骨《ここつ》を標識とするだけである。というものであった。これこそ『法顕伝《ほっけんでん》』の冒頭近く、沙河の砂漠を踏破する次第を記述した部分からの引用である（長澤和俊訳注、平凡社、東洋文庫）。沙河とは、敦煌《とんこう》を出てすぐに対峙する大砂漠であり、ゴビ砂漠の西端、タクラマカン砂漠の東端にあたり、名にしおう熱砂の苦境である。法顕の一行は十七日間をかけてこの砂漠の横断に成功したが、その艱難《かんなん》は想像を超えているはずだ。おそらく旅は徒歩であり、仮に地元の援助があったにしても（敦煌の太守が資材を提供したという）、炎熱の砂漠を越える旅は、六十歳をすでに超えている法顕には死と隣りあわせの歩みの連続だったろう。

法顕その人の生涯については、不明な点も多い。生没年についても議論さまざまだが、ともかく「律蔵の欠けていることを嘆いて」旅の決意を発したのは三九九年のころと思われる。一説に、中央アジアにあって名を知られていた稀代の学僧クマーラジーヴァ（鳩摩羅什《くまらじゅう》）の来朝を待ちきれずに出立したともいうが、なんにせよ、老人は多くの若い僧に囲まれながら旅に出たわけである。ここで「老人」という表現をつかうについては、四世紀最後半における平均年齢をご想像いただきたい。すでにとんでもない長老なのである。それが炎熱の地や雪山を越えてインドをめざそうというのである。どうして驚かずにいられようか。

老僧、山塊を越える

やがて一行は砂漠地帯を抜け、そこに点在する仏教寺院をつぶさに見聞したあと、ついにパミール高原の山塊に向きあうことになる。山に入り「葱嶺《そうれい》」（パミール山脈）を越えるのだ。この漢語はカラコルム山塊およびカシュミール地方をさす語として用いられるのが常だが、おそらくはタシュクルガンからギルギットを経てスワットに抜けるルート、いわば今日のカラコルム・ハイウェイに近いルートだったのかもしれない。中国とパキスタンの国境をなすフンジュラーブ峠から険しい山道を下ると、やがてハイウェイはフンザのバザールに入るのだが、反対側の切り立った断崖にかすかな細い道の刻まれていることが道中に見て取れる。法顕などの歩いた道は、おそらくはそうした古道なのだろう。すれちがうことさえ度胸のいるような、そんな絶壁のかすかな刻み目。法顕が「その山は石ばかりで壁の如く千仭《せんじん》の谷をなし、見下ろすと目がくらむほどで、進もうと思っても足をふむ処もない。眼下に川が流れ、インダス川という」と書いている場所は、まさしくこのあたりだろう。そうして彼らはガンダーラに入り、数々の仏跡をめぐり歩き、また学問寺で研鑽を積むことになるのだが、ここではそれに触れない。

その間にさまざまな出来事があり、吹雪のなかで若い弟子を失ったこと、インドに入ってからいずこかに消え去った僧の思い出、ただ一人で中国に帰ろうとする船中で遭った災難、そしてようやく中国に戻った八十歳近い老僧の出会った悲哀など、法顕の十七年にわたる旅は数奇な物語の集積である。法顕の求法《ぐほう》の旅は、事実上、中国人が天竺《てんじく》（インド）にいたった最初の記録をなし、その自負は十分に彼の記録にある。すべてを語り終えたのち、法顕は「いま顧みて経過した処を尋ねてみると、思わず心は動き汗が流れる。危ないところを渡り峻険《しゅんけん》をふんで、この身体を惜しまない所以《ゆえん》は、恐らく志があって、自分の愚直を押し通したからであろう。故に命を必死の地に投じて、もって万一の希望を達したのである」と述懐したという。

法顕の旅は、その壮大さはもとより、後のさまざまな求法の旅の先駆となりモデルとなったことに、その重要性がある。陸路に砂漠を越え、大山脈を抜けたうえ、インドに仏跡を巡礼し、また学問寺を見聞してから、海路にセイロン［スリランカ］、ジャワを経て帰国するのである。その旅の記録は、玄奘三蔵《げんじょう》『大唐西域記』の詳細ぶりには及ばないし、テキストに不明の点も多々あるのだが、宋雲《そううん》、恵生《えしょう》、慧超《ちょう》《え》、玄奘、義浄《ぎじょう》、悟空《ごくう》といった中国の入竺求法僧たちは、なんらかのかたちで法顕の道をなぞっている。宋雲は僧侶ではなく官吏であるとの説があり、また悟空はカシュミールに向かう国士に随行する下級役人だったが、現地で病いを得て一人残され、そこで回復後に得度《とくど》してイン

ミーラーン第３寺址出土の有翼天使像。この天使を見た求法僧はあったろうか……。
（写真提供：長澤和俊）

ドに向かった、という変わり種である。そのほか、求法の途上に客死した者も多く、名の伝わらないままの者も多いだろう。その多くの旅は唐代になされ、宋代に入って徐々に衰えてくる。やがてインドの仏教が衰微し、一二〇三年、オリッサのヴィクラマシーラ寺院がイスラーム教徒軍によって焼かれると、ついにインドの仏教は壊滅する。このとき仏教の中心はチベットと東アジアに移り、仏陀《ブッダ》の故地としてのインドは夢の彼方となってしまった。

日本から西へ

日本が早くから大陸と交渉をもっていたことは、弥生時代や古墳時代に、すでに日本列島には存在しない石材や鉱物などが伝来していることからも、またたとえば『魏志倭人伝《ぎしわじんでん》』の記載などからも見てとれよう。

倭人は帯方《たいほう》［現在のソウル付近］の東南大海の中にあり、山島に依りて国邑《こくゆう》をなす。もと百余国。漢のとき朝見する者あり、今、使訳通ずるところ三十国。

つまり漢代に海を渡って中国に朝見した者があり、いまは通訳を介して三十国と連絡がある、ということになる。倭人が朝見したというのは、おそらくは後漢、二世紀後半から三世紀初頭のことかと思われるが、明確な記録は見いだせない。「使訳」（使者と通訳）の往来が三十国とあるとの記述からも、今日的な国家を想像することはできない。初期の遣隋使についても記録がはっきりせず、中国の史書に記載があっても日本に記録がない、あるいはその逆という具合で、確認できるところは少ない。いずれにせよ、初期の中国との交渉には朝鮮半島の政治情勢がかかわっていると思われ、いまだ理解の仕方が微妙ではあるが、半島南部の任那《みまな》（加羅《から》）をめぐってなんらかの政治的かけひきがあった可能性はある。さらに四世紀から五世紀にかけても大陸との交渉は続いていたはずで、その間にどれほどの人々がどのように海を渡ったのか、想像をかきたてずにはいない。

五八九年、南北朝を統一して隋が登場するのと前後するように、五九二年、推古天皇が聖徳太子を摂政として即位し飛鳥時代の幕開けを宣すると、さっそく何回かの使者のやりとりが日中でおこなわれる。たとえば六〇七年に小野妹子《おののいもこ》、鞍作福利《くらつくりのふくり》らを遣隋使として中国につかわしたとの記述が『日本書紀』に見える。しかし、ここに妹子がかの有名な「日出処《ひいづるところ》の天子、書を日没《ひぼっ》する処の天子に致す、恙無《つつがな》きや」にはじまる国書をたずさえていたことの記載はなく、一方、この国書の内容と、それが時の皇帝煬帝《ようだい》の不興を買ったことは中国側の『隋書』にしか見えない。また妹子は、翌年になって隋の使者、裴世清《はいせいせい》らを伴って帰国するのだが、隋の国書を途中で紛失したと主張している。その国書の内容が、太子の期待から遠いものだったからだろうか。まさかの杜撰《ずさん》ではない。なかなかにしたたかな外交をおこなっているのだが、これは過去に相当の経験を積んでいるということか。

やがて六一八年、隋が滅んで唐がおこると、日本はひきつづき唐へ使者を送りこんだ。遣唐使の皮切りは、六三〇年、犬上御田鍬《いぬがみのみたすき》、薬師恵日《やくしのえにち》らをつかわしたのを第一回とし、以後二〇〇年間、前後十数回にわたって継続的にその派遣がつづけられた。もちろん国使としての船なのだから、大使、副使、判官、録事（事務官）などが乗船し、また医師やいくつかの言語の通訳、陰陽師《おんみょうじ》、卜部《うらべ》、画師、若干の兵士、さらに修理のために船匠や鍛冶師なども乗り込んでいた。これに通常の船員と留学生・留学僧を含めると、総勢は五〇〇人以上に及ぶこともあったという。これが四隻の船に分乗し、いくつかのルートを通って中国をめざすわけだが、平底で龍骨をもたない船は、しばしば難破・漂流し、行方不明になった船も多い。いずれにせよ、この遣唐使船で中国に渡り、あるいは中国から渡来してきた人々は、相当の数にのぼる。たとえば仏教関係で何人かあげるなら、道慈《どうじ》、玄昉《げんぼう》、最澄《さいちょう》、空海、円仁《えんにん》などがこの船で中国に渡り、また婆羅門僧正《ばらもんそうじょう》と呼ばれた菩提遷那《ぼだいせんな》（ボーディセーナ）などのインド僧や道璿《どうせん》、鑑真《がんじん》など唐僧の来日もその帰船による。また『続日本紀《しょくにほんぎ》』の記載によれば、天平八年（七三六年）十一月三日の条に「波斯人李密翳《はしりみつえい》等には位を授くこと、差有り」と見える（巻十二）。つまり、ペルシア［波斯＝ペルシア語の *parsi* からくる］人らに、それぞれの身分に応じた位階を授けた、というわけである。

それより以前のこと、『日本書紀』白雉《はくち》五年（六五四年）四月の条に「吐火羅国《とかららこく》」の男女が日向《ひゅうが》に漂着したとの記事がある。従来はこの国を屋久島と奄美大島の中間あたりに比定していたのだが（別名を宝島という）、これを中央アジアの「トハラ」と考える説がある。つまり現在のオクサス河流域地方にあったバクトリア（大夏《たいか》）ではないかとの説なのだが、たしかに中国ではトハラを「吐火羅・都貨羅」などと表記するのである。漂着した男女がまっすぐバクトリアの人なのかどうかはぼくには断定しきれないが（この問題については、伊藤義教『ペルシア文化渡来考』ちくま学芸文庫、に詳しい）、正倉院文物にペルシア様式が多く見られることからいっても、すでにペルシア文化が極東にまで及んでいたことには疑いがない。ともかく日本は七、八世紀、すでに世界のネットワークに参加しているのである。その網の目を、人はどのようにたどろうとしていたのだろうか。

西を求めた日本人

澁澤龍彦の小説『高丘親王航海記』で知られるようになった高岳親王《たかおかしんのう》は、平城天皇の第三皇子であり、八〇九年には皇太子となるが、たちまち翌年には薬子《くすこ》の乱が起きて廃太子となってしまう。まもなく出家し、道詮《どうせん》らのもとで修行するが、とくに空海から真言密教を学び、その奥義を究めるために入唐をこころざした。不退寺、超昇寺などを建立し、東大寺の大仏修理などにかかわっていたが、やがて朝廷の許可を得て、八六一年に唐の商船で中国に渡ることになった。空海も学んだ青龍寺で唐僧の法全《ほうぜん》に密教にかかわる疑義を問うたが、それに満足せず、ついにインド行きを決意し、唐の政府の許可を得たうえで八六五年に出発するものの、やがて消息を絶ってしまった。八八一年になってから、中国に入った僧の中取《ちゅうしゅ》の報告があり、親王は羅越国《らえつ》で客死したと伝えられる。羅越国とは、現在のマレー半島にあった国とも伝えられ、その地で親王は虎に襲われて死んだとの俗説もあるが、真相はいまだに不明である。

二度の入宋を果たした栄西《えいぜい》は、四十七歳になった一一八七年、はっきりとインド行きの希望をもって中国に再度渡ったが、南宋政府の許可が出ず、インド巡礼の夢を果たせなかった。また明《みょう》恵上人《えしょうにん》高弁は、熱烈にインド行きを願うあまり、庭にインドをかたどった散策路を造ったり、諸書を閲《けみ》して仏跡巡礼の詳細な行程を書き記したりした。ところが伯父の妻に春日大明神が降りて、インド行きをやめるよう託宣を下したので、泣く泣く諦めることになる。これは建仁三年のこととされているから、まさにヴィクラマシーラ寺院が炎上した一二〇三年にあたるのだが、単なる偶然だろうか。

唐代の末期、段成式《だんせいしき》は、その異聞雑録『酉陽雑俎《ゆうようざっそ》』のなかに、インドのナーランダー寺で日本僧に出会ったとする聞き書きを収めている。事実とすれば九世紀半ばころのことになるが、確認できない。ひょっとインドに達していた日本僧がいたかもしれないと、夢想するばかり。

アジアを越えて

来訪者たち

さまざまな歴史記録をたどりつつ、はじめてアジアの外へと旅した日本人は誰なのかと探し求めても、なかなか明確なことはわからない。もちろん、名も伝わらない放浪者や漂流者がいたかもしれないし、はるか古代の海洋民が驚くほど遠くまで旅していた可能性も否定しきれない。すでに述べてきたように、初期の人類が世界に分布していった流れからすれば、それをさかのぼり、アジアから西へと渡った人々がいたかもしれない。天平時代、すでにインド人やペルシア人が来日していることは、とっくに日本列島が世界のネットワークのなかにあることを明かしているし、その流れのなかで、アジアという空間を踏み越えて世界の拡がりを体感した人々が多くいただろうと想像できる。

マルコ・ポーロが黄金の国ジパングを中国の海の向こうに夢想し、回想録『東方見聞録』にそれを記したのは一二九九年ころのことであった。もっとも、この回想録の成立過程はきわめて微妙で、表題もテキストもまちまちである。ポーロの旅を史実として見るなら、彼が中国に足を踏み入れたのは一二七四年前後のことと思われるが、となれば時代は鎌倉の中期、元《げん》のフビライによる最初の日本遠征（元寇《げんこう》）の年ということになる。もっともポーロの記録によれば、この旅は父ニッコロが一二六五年ころ元に渡ってフビライに謁見《えっけん》し、そのおりローマ教皇への親書を託されたためイタリアへと帰還したことにはじまる。いわば親子二代にわたる再度の旅であったわけで、となると彼らのアジア・キャラヴァンは、ある程度は規定のルートであったと見ることができる。すでにイスラームの通商路は中国を含めてユーラシア全土に張りめぐらされており、イブン・バットゥータが中国への大旅行をおこなうのも、その百年ほど後のことである。しかし、マルコ・ポーロの旅の記録がヨーロッパの人々にとっては妄想の産物としか見えなかったことも事実であって、その典型的なイメージがジパング（あるいはチパング）にほかならない。マルコ・ポーロ自身もこう述べている（『東方見聞録』青木富太郎訳、社会思想社、現代教養文庫）。

チパングは東海にある大きな島で、大陸から二千四百キロの距離にある。住民は色が白く、文化的で、物資にめぐまれている。偶像を崇拝し、どこにも属せず、独立している。黄金は無尽蔵にあるが、国王は輸出を禁じている。しかも大陸から非常に遠いので、商人もこの国をあまりおとずれず、そのため黄金が想像できぬほど豊富なのだ。……この島の宮殿の屋根はすべて黄金でふかれており、その価格はとても評価できない。宮殿内の道路や部屋の床は、板石のように、四センチの厚さの純金の板をしきつめている。窓さえ黄金でできているのだから、この宮殿の豪華さは、まったく想像の範囲をこえているのだ。

このため大ハーンのフビライはジパングの占領を思い立ったが、激しい嵐にあって艦隊は難破し、ふたたび島の都市に攻め入ったものの、激しい攻撃にあって降伏せざるをえなかった。「これは一二七九年におこったことである」。

史実としての元寇は、一二七四年と八一年のこととされるが、ここでは問題にしない。興味ぶかいのは、ジパングが近寄りがたい隔絶した遠方の島国であり、黄金におおわれた夢のような世界として描かれていることである。たしかに当時の日本は、東アジアの果てにある未知の世界であった。少なくとも西欧世界から見るかぎりは、謎のような空間だったはずである。東アジアの通商関係のなかで日本は確かな位置づけをもってはいたが、本格的な貿易をおこなうには適当な港がなく、また日本も大陸の諸国家の強大さを知っていたから、その通商には微妙な距離感が横たわっていたのだ。その距離を埋めるには、一五四三年、種子島《たねがしま》の門倉崎にポルトガル船が漂着し（ポルトガルの資料では一五四二年とする）、鉄砲が伝来する時を待たねばならない。そしてフランシスコ・ザヴィエルが鹿児島に上陸するのは、一五四九年のことなのである。

宣教師たち

一五〇六年のスペインに生まれたザヴィエルは、戦火のうちつづくヨーロッパで苦難の青年期をすごした後、十九歳でパリ大学に入学し、やがて講師となって教鞭をとるとともに深くアリストテレス哲学を学び、やがては故国で聖職者となることを夢見ていた。だが、同じくパリ大学で哲学を学んでいたイグナティウス・デ・ロヨラと出会い、大きく人生を転回させることになる。ロヨラもやはり戦火のなかで軍人を務めていたが、スペイン攻防戦で砲火に重傷を負い、死の床でカトリックの書物に触れて回心し、瞑想と苦行の末に神霊体験を得て宗教家となることを決意し、パリへとやってきていたのだ。そして一五三四年、ザヴィエルはロヨラを中心として結成された修道会であるイエズス会に参加することになった。この会の誓願のひとつに、教皇の命ずるがまま、世界のどこへでも赴いて布教をするというものがあり、これはロヨラが受けた神的直観「イエズスの小さいこの共同体がどこまでも十字架につけられたキリストの友となる」を基とするものであった。こうして設立されたイエズス会は、まさしくイスラーム勢力とプロテスタント勢力との拮抗をかかえながら、世界布教への冒険に乗りだしたのである。その主要な目的地は、さまざまな異教徒の世界であり、いまだ神の恩寵を知らない野蛮な民の空間であった。すなわち、アフリカ、アメリカ、そしてなによりアジアがその対象である。かつてイタリアのとある教会を訪れたとき、イエズス会の姿勢を象徴するマリア像を見たことがあるが、そのマリアは鎧《よろい》を身にまとって武装し、邪悪な蛇と闘っている。ところが打ち倒されている蛇たち（異教世界）には「アジア」「アフリカ」などと刻印されていて、複雑な思いに沈んだものである。

さてザヴィエルは、東インドの布教を要請するポルトガル国王の命にしたがって、一五四一年、インドへと赴くことになった。そしてインド各地をはじめ、セイロン（スリランカ）、マラッカなどで精力的な布教活動をおこなっていたが、四七年、マラッカで日本人のアンジローと出会うことになる。このアンジロー（もしくはヤジロー）は薩摩出身の貿易商人であったと思われる人物だが、その経歴の詳細は不明である。彼は殺人を犯して逃亡していたが、危ういところをポルトガル商人に助けられ、日本を脱出してマラッカに滞在していたのだ。そしてザヴィエルと会うのだが、なかなかの知性の持ち主であったらしく、ザヴィエルは彼をインドのゴアに送り出し、パウロ・デ・サンタ・フェの名のもとに洗礼を授けて、カトリックの教義を学ばせた。彼の理解は優れたもので、やがて聖書の一部や教理要諦（カテキズモ）の日本語訳もおこなったようだ。彼が記したロヨラあての書簡が残されている。

パアドレ方のお陰を蒙り、私をして主の御事を心に銘じせしめ、またこのような短期間に読み書きはもとより、かくも尊い教理ドチリナを受け容れる能力をもたしめ、またサン・マチヨのエワンゼリヨ［マタイ福音書］を日本文字で書きしたため記憶させられた多くの恩恵、才能、記憶および意志を失わぬよう祈り奉る。

やがてアンジローはザヴィエルとともに日本へ向かい、その通訳を務めたという。

このように、アンジローはイエズス会の日本進出にともなって歴史に名を残しているが、この時期のフィリピンからマラッカ周辺にいたる東南アジアには、多くの日本人が進出していたらしい痕跡がある。時代ははるかに下がるけれども、アンコール・ワットの聖廟内に日本人、森本右近太夫なる人物の記した墨跡があり、そこに寛永九年（一六三二年）という年記が見えることも記憶に留めておいていい。ともかく十六世紀の半ば、インドに足跡を留めた日本人がいたことは確かである。そして彼の導きでザヴィエルは日本に入り、西欧人として（おそらく）最初の日本見聞録を残すことになるのである。その来日は一五四九年八月、鹿児島から京都まで訪れ、二年あまりの滞在中に千人もの改宗者を生み出すことになった。やがて彼は中国に渡ろうとしたものの、大陸を目前にして没することとなった。一五五二年のことである。彼の残した日本に関する記録については『聖フランシスコ・ザビエル全書簡』（河野純徳訳、平凡社、東洋文庫）に一端をうかがうことができる。

中国の宣教師

面白いことに、イエズス会にとってアジア進出の最大の目的地である中国は、日本よりもはるかに難関であったようである。中国には唐代から多様な宗教グループが進出していた。仏教やイスラームはいうにおよばず、ネストリウス派のようなキリスト教の派生グループもいたわけだし、マニ教など中央アジアからの影響も強く刻みこまれていたのだ。しかし、中国はたえまなく変貌し、つねに外来の宗教について寛容であったわけではない。カトリック勢力はくりかえし中国へ布教のアプローチをおこなっていたものの、ポルトガルとスペインの確執や、周辺のアジア諸国における混乱も中国の警戒を強めさせたのだろう。日本ではザヴィエル以降、数多くの宣教師が来日し、とりわけルイス・フロイスのように深く日本の文化や政治構造に関わりをもった人物もいたし、またアレッサンドロ・ヴァリニャーノなど、巡察使としてインドから東アジアの情勢を熟知する政治力の持ち主もいた。しかし宣教師たちの中国進出はことごとく失敗し、日本の状況も危うくなってきた。一五九六年、スペイン船サン・フェリペ号が嵐にあって土佐に漂着したが、豊臣秀吉がこの船の積み荷を没収したことから軋轢《あつれき》が生じ、スペイン側が日本征服の野望を暗示するような発言をしたこともあって、一挙にキリシタン迫害の契機となり、翌年になって二十六人のフランシスコ会修道士の殉教を招いた。いわゆるサン・フェリペ号事件であるが、こうした状況はますます宣教師たちの中国進出への渇望をうながしたはずである。

そのころヴァリニャーノはマカオに拠点を設置し、中国にくりかえし接近するとともに、多くの人材の登用をおこなった。その切り札となったのがマテオ・リッチである。イエズス会のローマ学院で数学、天文学を学んだリッチは、マカオで中国語を学び、みずから利瑪竇《りまとう》と名のって中国に入り、広東省や江南地方で天文観測をおこない、月食を利用して経度測定をおこなうなど、西欧科学の先進性を喧伝《けんでん》するとともに着実な布教をおこなった。やがて彼はアジアで最初の世界地図を完成させたが、そのひとつが『坤輿《こんよ》万国全図』である。その刊行は一六〇二年になるが、それに先だってリッチは北京に入り、一六〇一年、皇帝に拝謁《はいえつ》してキリスト教布教の許可を得ることができた。中国に多くのイエズス会宣教師が入国するのは、これ以降のことなのである。そして彼の作製したこの地図に、はじめて「亜細亜」の語が記される。東アジアが西欧科学の情報を受けとめるのは、これ以後、中国からの発信が中心となる。ザヴィエルの来日から半世紀のちのことである。

宣教師の道

このようにイエズス会が中国にはいるのは、十七世紀の幕開けと同時であった。すでにインドには西欧各国の東インド会社が設立されはじめているころである。ユーラシアの西端と東端の道がつながってから、はるかな時間がすぎさっている。ローマと中国とが間接的に通商をはじめたのは千年以上も昔のことであり、互いに名を知ったのは紀元前をはるかに超える。しかし宣教師の道が重要なのは、朝鮮半島や日本に架橋したことばかりではなく、アフリカからラテン・アメリカまでを視野に入れた世界戦略のなかにアジアが位置づけられた、その事実にある。アンジローの訳したという聖書は今に伝わっていないけれど、その訳文についてヴァリニャーノは「日本人にさえ批判された」と難じている。どうやらアンジローは真言宗の影響下にあったらしく、デウスを「大日如来」などと訳したためらしい。詳細はわからないけれども、ヴァリニャーノの書き留めた記録からすると（たとえば『日本巡察記』松田毅一訳、平凡社、東洋文庫）、そう批判するだけの日本文化や仏教に関する知識をもっていたこともわかる。そしてこの知識は、双方向的でもあった。東アジアがみずからを「アジア」として世界に位置づけはじめるのも、じつはこの道に沿ってのことなのである。

アジアからローマへ

渡海者群像

十七世紀初頭、日本政府は「異国渡海御朱印状」という渡海証明書・船籍証明書を制度として創設し、外国との相互承認のもと、正式の貿易を開始した。かつては豊臣秀吉が一五九二年に創設したと考えられていたが、実際は徳川家康が一六〇一年にフィリピンおよびヴェトナム（安南）とのあいだに協定を結んだのが最初だったらしい。こうした制度が成立するには、すでに多くの私設貿易がおこなわれており（しばしば「渡唐船」と呼ばれた）、また海賊とも呼べるような冒険的に異国に乗り出す船団も多くあったことが前提となるだろう。

たとえば原田孫七郎という人物がおり、桃山時代にフィリピン（呂宋＝ルソン）と盛んに貿易をおこない、その才覚、あるいは抜け目のなさが海外でも評判になったほどの伝説的な人物である。生没年は不詳だが、スペイン語を自由に駆使したといわれ、原田ガスパルの異名をもつ。早くも一五九一年、長崎の貿易商人、原田嘉右衛門の手代としてフィリピンへ秀吉の国書をたずさえ渡海し、返使をともなって秀吉に謁見《えっけん》したことが記録に見えている。また九三年には台湾（高山国）にも国書をもって入国するが、正式な通商にはいたらなかった。ともかく東南アジアに確固たる足場を築いていた日本人がいて、深く政治にも関与していたらしく、秀吉の朝鮮侵略（壬辰倭乱《じんしんわらん》）を示唆し、南方への進攻を勧めたのもこの人物だとする説がある。

夫《そ》れ秀吉が鋒芒《ほうぼう》をして朝鮮支那に向かはしめたるは決して策の得たるものにあらず、當時識見の士ありて諫止《かんし》せしむる無かりしは是非もなき事なれども、身は所謂褐夫《いわゆるかっぷ》にして其《その》眞價を知られざるも技倆の卓絶し策略の雄偉なる、遂に自ら三寸の舌を弄して呂宋《ルソン》遠征を秀吉に實行せしめんとしたりしは、實に原田孫七郎とす。

この引用は、明治四十三年に刊行された北島似水《じすい》『日本陶磁器史論』の一節だが（復刻、五月書房）、その当否はともかく、十六世紀末の東アジアにあって、南アジアへの進攻を画策する人物がいたとしても不思議はない。ヨーロッパ諸国が競って東インド会社を設立し、アジア経済圏の覇権を争うのは、それからわずか十年の後なのであった。

ともかく朱印船貿易がはじまると、南アジアに渡った船は年間十数艘におよび、その行き先はヴェトナム、カンボジア、フィリピン、タイなどに拡がっている。船長四十五メートル、三百人以上の乗員を乗せた朱印船には、商品を積載するばかりでなく、船賃を取って貿易を希望する商人も同乗させたという。アジアへの雄飛を夢見て海外に渡った人々も多くあったはずである。天《てん》竺《じく》徳兵衛の異名をもつ商人も、またその一例であろうか。この人物は、一六三〇年、オランダのヤン・ヨーステンの船に同乗してタイに渡航したのをはじめとして、数度にわたって東南アジアを旅し、その見聞を長崎奉行所に提出した。この記録が世上に流布し、たとえば『天竺徳兵衛物語』や『渡天物語』と題する異国見聞録として人気を博し、やがて四世鶴屋南北によって歌舞伎・浄瑠璃に脚色されることになる。その物語のなかに山田長政に関する記述があり、この特異な海外移住者の事績が残されることになった。

山田長政は沼津領主の駕籠《かご》かきをしていた人だが、一念発起して一六一二年にタイ（シャム）へと渡り、アユタヤに居住する。当時のアユタヤには千人近い日本人が住んでおり、日本人町を作っていたが、やがて長政はその町の長となり、日本人をひきいて内戦に参加するなどの功を認められて国王ソンタムの信任を得、陸将にあたるタイの官位をもつにいたった。国王が日本との通商を求めると、その実現のために尽力したりもしたが、王が死去すると王位継承の政争に巻き込まれ、閑職に追われたあげく暗殺されたという。一六三〇年の死去と伝えられる。きわめて興味ぶかい人生だが、これも短い開国期のあだ花といえるだろう。

東南アジアの日本人町

アユタヤの日本人町は、長政の死とともに焼き払われたというが、このような東南アジアの日本人町は、朱印船貿易が閉じられたあとも十七世紀末まで残されていたようである。朱印船の存続していた時期に海外に渡った日本人は延べ十万人におよぶといい、そこから多くの永住者も生まれていた。大きな日本人町はヴェトナム、カンボジア、フィリピン、タイにあったが、小さな町や他国人との混在地域を含めると、その居住地は東南アジア全域におよぶと考えられている。大きな町は自治権を与えられ、長政のように現地の官位を得て出世する者も多数あったが、多くは朱印船貿易に関係する商業の従事者で、やがて朱印船が廃止されると町も次第に衰退することになった。

しかし渡航者のなかには、海賊や逃亡者、失業者もあれば追放されたキリシタンなども含まれていたし、海外渡航禁止令の強化にともない、海外在住が長期にわたると帰国しても死罪となるため、望んでも帰国できない場合もあった。そこで十八世紀に入っても一部の日本人町は存続しており、ちょうどチャイナタウンなどのように自国の風習を残していたとオランダの記録にある。いわゆる鎖国がしかれてからのちも、日本との通信は持続していたようで、醬油や梅干しを取り寄せたり、手紙のやりとりもおこなわれていた。長崎から追放された後、一六九七年までジャカルタに生きた女性、いわゆるジャガタラお春に代表される人々の通信文書（ジャガタラ文）も現存する。幕府は鎖国政策の強化をはかるため、一六三六年にポルトガル人と日本人との混血児とその母親をマカオへ、三九年にはオランダ人との混血児とその母親をジャカルタに追放する。イタリア人の航海士と日本人キリシタン女性とのあいだに生まれたお春も、十五歳のとき、この政策によって家族とともにジャカルタに追放されるのである。やがて夫が東インド会社で昇進し、独立して貿易商となることで、彼女の生涯は豊かなものであったといわれる。その意味では、この時期の日本は確実にアジアへ息吹を残していたといえるのだ。

ともかく幕府は、諸大名の経済力が増大することへの懸念、海外で生ずるトラブル（貿易摩擦）の頻発といった経済問題への対策を迫られ、またなによりキリスト教禁止政策の強化や武器輸出入にたいする禁制の徹底化のために、こうした貿易制度を一六三五年に閉じるのである。以後、日本の海外への窓口はごく限られることになり、少なくとも庶民が自由に海を渡るには、二百年という時間を待つほかなかった。やがてかすかな日本人町の痕跡も、現地の風土のなかに吸収されて見えなくなってゆく。

少年たちの見たインド

　このほかにも、たとえばアンジローのように、難破による漂流をきっかけに海外を経験する人々も多かった。時代はずっと下るが、ロシアに漂着してそのまま現地に帰化し、役人になったり日本語教授になったりした日本人の例があり、なぜか皇帝アレクサンドル一世とともに軽気球を見たという仙台の漂民の記録もある。一七八三年に難破漂流した大黒屋光太夫などは、アリューシャン列島に漂着後、さまざまな知遇を得て九一年にはペテルスブルグを訪問し、女帝エカテリーナ二世に謁見し、そこで帰国を許されたので、日本との修交を求める親書を持参するラクスマンのロシア船で日本に向かい、根室に帰国した。その後、彼はみずからの見聞を将軍に伝えるなどしたが、その聞き書きの記録が桂川甫周《ほしゅう》『北槎聞略《ほくさぶんりゃく》』（雄松堂出版）にある。また『日本庶民生活史料集成』第五巻（三一書房）、山下恒夫『江戸漂流記総集』（日本評論社）などに多数の漂流記録が収められている。詳しくはこれらの文献を参照していただきたいが、江戸期にヨーロッパを仄聞《そくぶん》した人も数多くいたのだ。

　しかし、ヨーロッパを訪れた日本人としてまず特記すべきは、一五八二年にローマに向けて出帆した天正遣欧使節であろう。これはイエズス会の巡察師ヴァリニャーノの発案によるものであり、聖職者の養成機関セミナリオを設立し、日本固有の文化・言語に適した礼法を制定するなどして多くのキリシタン改宗者を生み出したうえでの計画であった。この発案にキリシタン大名である豊後《ぶんご》の大友宗麟《そうりん》、肥前の有馬春信、大村純忠《すみただ》が賛同するかたちで、この使節団がローマ教皇のもとにつかわされることとなったのである。

この使節団の顔ぶれは、巡察師ヴァリニャーノを筆頭として、修道士ディオゴ・デ・メスキータ、日本人修道士ジョルジョ・デ・ロヨラ、正使には伊東マンショ、千々石《ちぢわ》ミゲル、副使に原マルチノ、中浦ジュリアン、随員に日本人少年コンスタンチーノ・ドラード、アグスチーノ、それにスペイン人修道士ファン・サンチェスの十名である。使節となった少年たちは、いずれもセミナリオに通う身分の高い家柄の子弟で、出発時の年齢は十三歳前後であったと思われる。この計画は突然のように決められたものであり、おそらくは日本における布教の困難さとキリスト教禁制の予兆をヴァリニャーノが察していたからではないか。

なにより彼は、自国の風習や礼儀に固執する日本人に心底うんざりしていたらしく、この困難な状況を打破するためには「日本人をしてヨーロッパの風習がいかに世界に冠たるものであるか、日本の文物や風習が西欧のそれに比してどれほど劣悪であるかを直接に目撃させ、体得せしめること」が必要であり、そのためにも「西欧世界へ日本人を派遣し、彼らをしてヨーロッパ・キリスト教世界の偉大さ、華麗さ、卓越性を徹底的に肝に銘じさせ、日本人の前で証言させねばならまい」と考えたのである（松田毅一『天正遣欧使節』講談社学術文庫）。だからこそ彼は、セミナリオでいわば純粋培養された少年たちを使節として選んだのであり、こうした彼らであればヨーロッパ・キリスト教世界の実際に驚嘆感激し、日本に帰国して大いにその栄光を語り伝えるだろうと期待した。したがって使節となる少年たちは、身分が高く、権威ある書状をたずさえ、またそれにふさわしく教育されるべきだと考えたのである。こうしたことは、一五八三年の暮れ、インドのゴアで彼がしたためた指令書に記されていることで、この指令書は実際に使節をローマまで引率する修道士に託された。しかもご丁寧に、少年たちには教化の糧となる高貴で偉大なものばかりを見せ、それに反する概念をいだかせるようなものをいっさい見せてはならない、とも注記している。この用意周到さの背景には、はるか極東の異教世界にあって、宣教師たちの経済が逼《ひっ》迫《ぱく》していることもあり、キリシタン大名たちから援助を引き出す方策も潜んでいたろうか。

さて、遣欧使節の取ったルートは、長崎を出航してマカオに向かい、マラッカからインドのコチンへと行くものである。コチンに着いたときは四月初旬で、雨期のためこの地で七ヵ月をすごしている。ついにインドに達した日本人ではあるが、少年たちの感想はといえば「インド人は身体の色が黒みを帯びているように精神も魯鈍《ろどん》」であり、「畜類のような生活をしている全アジアの無限ともいうべき多くの種族」にあふれる、というようなものである。もちろんこれは修道士による洗脳の結果かもしれないけれど、いささか悲しい。キリスト教をたたきこまれていた少年たちには、仏陀《ブッダ》誕生の地インドなどは眼中になかったのである。もっとも少年たちは、教化のためにラテン語を学んでいたにせよ、水夫や料理人、商人といった他の船員・船客とことばをかわすことは禁じられており、なによりポルトガル語を話せなかった。インド人に野蛮を見たとしても、それを彼らの祖先の犯した罪による悲哀と考えるほかなかったのではあるまいか。

束の間の西洋紀聞

やがてゴアでヴァリニャーノと別れ、アフリカのモザンビークを経て喜望峰《きぼうほう》を回り、ようやくリスボンに寄航するのは一五八四年六月、長崎を出てから二年六ヵ月後のことであった。そこからスペインのトレド、マドリードなどを訪れ、地中海を抜けてシエナからイタリア（トスカーナ公国）に入り、フィレンツェを経てローマに入城する。そしてローマ教皇グレゴリオ十三世に謁見するのは、一五八五年三月二十三日のことであった。イタリアに入ってからの使節一行は、記録的に盛大な歓迎を受け、教皇その人も使節の少年たちをいたく寵愛したという。嵐にもまれ、病気に悩まされる「アジアの王子様」たちの経験した厳しい旅のあらましを、教皇も感じ取ったのだろう。ここに、

天正遣欧使節を紹介した1586年のアウグスブルクの新聞

おそらく日本人最初のヨーロッパへの旅が成就されたのだ。

これ以上の彼らの旅の詳細については、圧倒的な名著たる松田毅一の前掲書にゆだねよう。やがて一六一〇年に徳川家康の通商協定を手にメキシコに渡った田中勝助、伊達政宗の命を受けて一六一三年にローマを訪問した支倉常長《はせくらつねなが》など、数々の海外渡航者があらわれるが、日本がすでに世界ネットワークのなかにあることを確認したものの、鎖国の壁に阻まれて旅は持続せず、アジアへの自覚も生まれなかった。まだアジアの全貌は見えないままである。

異端から異教へ

主教ネストリウス

ローマ皇帝コンスタンティヌス一世がキリスト教を公認し、帝国の主要な宗教と定めたのは紀元三一三年のことであった。彼以前の皇帝によるキリスト教への迫害は二五〇年あまりも続き、ネロからディオクレティアヌスにいたる歴代皇帝は、きわめて苛酷な施策をキリスト教徒に向けていた。宮廷神学者としてコンスタンティヌスに仕えたラクタンティウスという人物は、また皇帝の宗教政策への重要な助言者であったが、彼の書き残した文書にひとつの伝説が見える。三一二年の秋、蜂起によってローマを占領したマクセンティウスを討つべくイタリアへと侵攻したコンスタンティヌスは、彼の軍勢を迎え撃とうと待ちかまえる二千名の敵兵を一息にティヴェリス川に追い落とし、ローマに入城した。この闘いの勝利によって彼は皇帝となる地歩を固めたのだが、この決戦に挑もうとするとき、虚空《こくう》にキリストをあらわす頭文字の印章と「汝これにて勝て」との文字の幻影を見たというのである。これこそが皇帝の改宗の原因だとラクタンティウスは述べるのだが、もちろんのこと、事実ではあるまい。後世の歴史家は、皇帝の改宗は政治的にキリスト教を利用したにすぎないとか、きわめて混乱していた帝国内の秩序を回復するにはキリスト教徒を敵に回すのは得策ではないと判断したためとも推測するが、いずれにせよこの学識ある皇帝はキリスト教の意味を深く認識できたはずだし、キリスト教を公認する最初の皇帝としての強いイメージを引き受けえたのではないか。

ともかく、一時的にキリスト教を公認したリキニウス帝のミラノ勅令（三一三年）と――のちにこの皇帝はキリスト教弾圧の側にまわる――コンスタンティヌス大帝とによって、キリスト教は公認された。しかし、それはあくまでローマ帝国内での公認でしかなかったから、その活動は必然的に帝国の制度に取り込まれることになったし、その教義を確定する公会議も帝国の名のもとに召集されたのである。以後コンスタンティヌスのこうした施策は、三三〇年に遷都した新首都コンスタンティノポリス（コンスタンティヌスの都の意、今日のイスタンブール）で実施されることになった。すでに当時のローマは首都としての機能を失いつつあったため、皇帝は古代都市ビュザンティオンを奪回したさい（三二四年）、東方の脅威たるペルシアを望むこの地に新首都の建設を思い立ったのである。やがてキリスト教が帝国の唯一の国教となるのは、三九二年のテオドシウス帝の勅令によるものであり、それは聖ヒエロニムスによるラテン語訳聖書（「ヴルガタ聖書」）の成立時期と呼応しているが、それはますます国家と宗教の結びつきが強くなることを意味することになるだろう。

さて、こうした背景のもと、コンスタンティノポリスの主教となった人物ネストリウスが登場する。シリアに生まれたネストリウスは、四二八年、テオドシウス二世の命によって首都の主教という座に上りつめるが、聖職者の代表として規律を引き締める任を感じ、積極的に異端の撲滅に乗りだした。そこでまず問題となったのは聖母マリアの尊称である「テオトコス」という語である。ネストリウスは、この「神の母」を意味する尊称は人間としてのキリストというあり方にそぐわないとして批判したため、キリストを神にして人であると見る正統派と対立することになったのである。彼は、マリアは人間キリストの母ではあるが、神そのものの母ではないと主張したわけだが、これが聖母にたいする冒瀆であるとの非難を受け、ついにネストリウスその人が異端と決めつけられる事態になった。そこで帝国はエフェソス公会議を召集して問題の解決を図ろうとしたが、議論は政治含みの分裂をはらんでいて双方が相手を異端と決めつけたため、ついに皇帝が介入してネストリウスが異端であると裁可したのである。その結果、彼は帝国の決議を受けるかたちで罷免追放されたのち、流浪の果て、四五〇年にエジプトで死を遂げたと伝えられる。彼の失脚と死は、神学上の論争というよりは政治的な闘争が原因だと見るのが今日の多くの歴史学者の意見だが、それは同時に帝国の国教となったキリスト教の生み出した一個の皮肉な運命でもあった。

ネストリウス派の旅

こうしてネストリウスその人は舞台を去ったが、彼の教説を受けた一団が、おそらくはネストリウスにたいする断罪に異を唱えたための宗教的＝政治的な迫害もあったのだろう、その教義を引き受けたまま、はるか東方に逃れていくこととなった。ネストリウス自身はこうした教団の設立には関与していなかったが、この教団は彼の故郷であるシリアに設立され、やがてローマの権力圏を逃れてペルシア領のニビウスへと移動し、そこに神学校を設立した。これは五世紀半ばのことで、当初はペルシアの国教であるゾロアスター教徒から迫害を受けることもあったらしいが、その指導者であったバル・サウマーは、ササーン朝ペルシアの第十八代皇帝ペーローズの信任を得て力を拡大し、ペルシアにおけるキリスト教の中核に収まることになった。当時、ビザンツ帝国（あるいはビザンティン帝国）は支配下のシリアを七つの行政区に分けており、厳しい徴税をおこない、正統派キリスト教の締め付けが強かったといわれる。しかし六世紀にはいるとササーン朝がこの地に進攻し、シリアは両国の戦争の舞台となった。いわばネストリウス派は、イスラームが登場する以前の中東世界を、戦争の危機をはらんだ時代にくぐり抜け、東方へと脱出したことになる。

　のちの六一〇年、メッカ近郊のヒラー山でムハンマドが最初の啓示を受けたとき、彼にはその意味がわからず、ただ恐怖におののいたという。すると妻は動揺するムハンマドを励まし、従兄弟のワラカ・イブン・ナウファルに相談するようすすめた。するとワラカは、ムハンマドのもとに降り立った存在は大天使にちがいないと断定した。この従兄弟はキリスト教徒だったのだ。偶像崇拝や多神教の徒がほとんどであった当時のメッカで、この一神教を信ずる存在はきわめて異例であり、だからこそムハンマドはその動揺を払い去ることもできたのだ。もちろんワラカがネストリウス派と関係していたかどうかは知らないが、イスラームがペルシアを支配するようになってもネストリウス派の繁栄はつづいたのだから、その意味では連想を呼ぶ挿話である。この教団は東方教会と自称したが、アッシリア教会とも呼ばれ、この地方に深く根づいていたのだ。

　ネストリウス派は、その典礼にはシリア語を用いていたが、ギリシア語の役割も大きかったことから、八世紀にアッバース朝がおこり古代ギリシア研究が奨励される状況になると、数多くのギリシア語の翻訳者・研究者がこの教団から輩出した。この時代になって、教団はその中心をバグダードに移すが、九世紀にカリフのマームーンはこの地に重要な研究機関を創設した。「知恵の館」（Bayt al-Ḥikma）と名づけられたこの機関の主要な目的は、ギリシア語による哲学・自然科学の文献収集とその翻訳にあったから、まさにうってつけ。じっさい翻訳官の大多数はネストリウス派に属していたといわれている。なかでも高名なのがフナイン・ブン・イスハーク（八七三年没）であり、バグダードで医学を修めたのち、文献批判学をも究め、各地を旅して多くの学問を学んだ。さらに古代ギリシアの医学者ガレノスの著作をアラビア語に翻訳し、これがマームーンに認められて巨大な翻訳事業に参画することとなった。その翻訳には、ヒッポクラテス、プラトン、アリストテレス、ユークリッド、プトレマイオスなどの文献がある。その作業はシリア語を介してアラビア語に訳すものだったようだが、のちになって「アラビア・ルネサンス」（伊東俊太郎『十二世紀ルネサンス』岩波書店）と呼ばれることになる文化革命の中心にキリスト教徒が位置づいていることは、やはり興味ぶかいことである。

景教の出現

ネストリウス派の人々は、その一方で東方への布教活動に力を尽くした。海路を通じてインドに渡り、また北方の陸路を介して中央アジアから中国へと足をのばしていったが、中国に彼らが入ったのは六三五年、唐の太宗《たいそう》の治世のときだった。その伝道団は、ペルシア僧の阿羅本《あらほん》を団長とし、彼らが長安に入城するさまは威風堂々たるものであったと伝えられている。そして太宗も彼らを丁重に迎え入れると、宮中で経典の翻訳をおこなうことを許可し、布教を奨励さえしている。またさらには、六三八年には長安に寺を建立し、僧侶二十一人を出家させたともいう。この厚遇は時代を超えて持続し、九世紀の半ばまで興隆した。中国は彼らの宗教を「景教」と名づけている。

なぜこのようにネストリウス派がすんなりと中国に受けいれられたのか、その理由は判然としない。ともかく太宗の時代は、唐がもっとも安定した時期といえるものの、北方には東突厥《とっけつ》が強大な武力を背景に展開し、また西方の西突厥はササーン朝ペルシアを破るほどの勢力を見せている状況下にあった。しかし、突厥の北部にあった回紇《ウイグル》などの鉄勒《てつろく》諸部が突厥の圧迫に耐えかねて反乱を起こし、それに乗じて太宗は軍を送って東突厥を瓦解させることに成功した（六三〇年）。また西方の吐谷渾《とよくこん》および吐蕃《とばん》（チベット）をも服属させたことから、周辺諸国にたいする唐の影響力は強固なものとなり、彼らから「天可汗《かがん》」なる称号さえ得るにいたった。遊牧民族の君主の上に立つ者、といったほどの意味である。やがて高宗《こうそう》の時代になり、中央アジアに君臨してペルシアをも圧倒していた西突厥も、内部崩壊して中国の軍門に下ることになった。こうして唐は「天可汗」の名にふさわしいアジアの国際大国となったのである。

あらためて、この時期の中国に流入してきた海外の宗教を数えあげてみるなら、インドから伝わった仏教はもちろんのこと、六世紀初めにはペルシアからゾロアスター教が入り、七世紀には祆教《けんきょう》として政府の監督下に認可を受けている。また同じくペルシアのマニ教（摩尼教）は七世紀末に伝わり、回紇に多くの教徒を生み出した。やがて遅れてユダヤ教、イスラームも伝わってくるが、このように唐は、周辺諸国との軍事的接触をくりかえすと同時に、多くの文化を引き受けてもいた。中国とアラブ世界との交流についてのみ触れておこう。

六三八年に、ササン朝最後の国王、ヤズドガルド三世が唐の太宗に使者を派遣し、援助を懇請したが、拒絶されてしまった。このことを国王が知ったのは、ネハーヴァントの戦い（六四二年）の後、トルキスタンへ退却する途中であった。ヤズドガルドの王子フィールーズは、中国の援助に頼りながらも一度はトハリスタンに独立政権を樹立したが、それも長く持ちこ

大秦景教流行中国碑

たえることができず、六七〇年には長安の宮廷に亡命した。彼はそこにゾロアスター教神殿を建立し、まもなく死去した。

これはジョセフ・ニーダム『中国の科学と文明』（砺波《となみ》護《まもる》他訳、思索社）の「序篇」に見える記述だが、やがて中国はイスラーム教徒とも直接交渉を開始し、七二六年にはスレイマーンという大使がアラビアから来朝したとの記録がある。やがて唐はタラス河の戦役でイスラーム勢力と軍を交えることになるのだが、それについてはのちに記す（次章）。ともかく太宗の時代の唐は、西方諸国とさまざまなネットワークを模索するさなかにあった。ネストリウス派の僧には学識の高い者が多く含まれていたから、唐がそれを利用しようと考えたことは大いに可能性があるように思える。

去りゆく者と来る者

はじめ波斯《はし》寺（ペルシア寺）と呼ばれていたネストリウス派の寺院は、七四五年、その発祥地にならって大秦《だいしん》寺（ローマ寺）との呼称に変えるよう詔《みことのり》が発せられている。これこそ、中国がユーラシアの西の果てに大いなる関心を抱いていた事実をあらわす痕跡ではないだろうか。現在、西安の陝西《せんせい》省博物館の碑林に展示されている「大秦景教流行中国碑」は、七八一年、イズドブジドなる人物の出資によって立てられた石碑である。そこには中国における景教の盛興が記されているが、複数の言語で記されたこの碑は、アジアのロゼッタストーンとも呼べるような貴重な資料である。

やがて八四五年、武宗《ぶそう》の廃仏政策にともなってネストリウス派も迫害を受けるにいたり、モンゴルやトルコ系諸族のあいだに信者を見るばかりとなり、元《げん》代に一時期のみ姿を見せるものの、ほぼ中国からは姿を消すことになった。やがてイエズス会の成立とともに、カトリックの宣教師たちがアジアをめざし、一五八三年にマテオ・リッチが広東で布教をはじめるのを皮切りに、多くのキリスト教徒が来訪してくる経緯についてはすでに触れたが、それはネストリウス派の人々がアジアをめざした姿勢とは大きく異なっていたのである。

＊拙文「景教徒、巴里《パリ》へ」（『月刊しにか』一九九九年二月号〜三月号に掲載）をも参照されたい。

モノとしての人の歩み

多様な物産の往還

エドワード・シェイファーの名著『サマルカンドの金の桃』（Edward H. Schafer, *The Golden Peaches of Samarkand*, University of California Press, 1963）の主題は、唐代中国に異国から到来した品々の研究だったが、その物産はきわめて多彩にして豊かである。さまざまな動植物、食物、香料から薬品、布や貴金属、あるいは日用品から聖的なイメージにいたるまで、あらゆる側面にわたる物産が東西を往還していたことがわかる。

たとえば八世紀から九世紀にかけて、唐代の市民は外国の地理書や外国語の辞書、あるいは外国で出版された書物そのものさえをも大きな都市の書店で買うことができた。唐代の書店について詳しいことはわからないものの、当時、海外の夢占いや占星術に関する本が新刊書として売られていたことが記録に見えるというし、それが多くの書物収集家の登場や図書館の発達を促しもした。たとえば六二八年に天子たる太宗《たいそう》のおこした図書館（崇賢館、のちには崇文館と呼ばれた）が有名だろうし、以後もこの伝統は永く受け継がれることになる。この皇帝は、隋の滅亡から学問の重要さを学び取り、皇太子のために帝王学の規範となる『帝範』四巻をみずからあらわしたとされるし、さらに『晋書《しんじょ》』から『隋書』にいたる正史を編纂させたのも同じ思いからだったろうか。また彼は文学や学問を奨励して多くの学問所を作るとともに、その基礎として『五経正義』を編纂させてもいる。この一八〇巻からなる大部の書は、『周易《しゅうえき》』など五経のさまざまな解釈を統一し、それと同時に多様な解釈の背景にひそむ政治的おもわくを解消しようと試みるものだった。その試みが成功したかどうかはともかくも、こうした国家事業としての出版が市井の書物事情をも左右したのではあるまいか。一方に仏教の伝来が、外国書の出版を促進してもいる。六六四年の時点でサンスクリット語から訳された書物の点数は二四八七点を超え、写本も数え入れるなら、長安の都は、当時の意識からいえば天文学的な外国書を抱えこんでいたのである。

また、たとえば香料としてのジャスミンは、あるいはペルシア語から来る「ヤーサマン」の名をもって、あるいはインド系のことばから来る「マリカー」の名をもって知られていた。もちろんこの花は、現在ではその種類が二〇〇種を数えており、中国で語られている花の同定はむずかしいが、素馨《そけい》や茉莉花《まつりか》などという名称にその香りを残すだろうか。素馨はインド、アフガニスタン、イランなどに原種が求められ、茉莉花はアラビアの原産である。いずれも強い香りをもち、ジャスミン油の原料となる。唐代の人々にとっても、ジャスミンはペルシアからローマにいたる異国の香りを放つエキゾチックな花で、愛や美、あるいは妖精的な美女の象徴とされた。ジャスミンが中国に到来したのは八世紀ころと思われるが、宋代には広東を中心に盛んに交易がおこなわれていた。雲南地方ではジャスミン種の花が原産し、黄梅（中国名は「迎春花」）などと呼ばれるが、やはりジャスミンは異国の香りとして珍重されつづけていたのである。

容れ物としての人間

しかしシェイファーは、その物産の冒頭に「人間」を置くことを忘れなかった。物産としての人間とは、戦争捕虜であり、奴隷であり、見せ物とされるような異形《いぎょう》の者たちや貢ぎ物として異国に贈られる舞人や楽人たちである。名も知らぬ多くの人々が、歴史のさなかで不当にも囚われの身となり、売られ、辱《はずかし》めを受け、あるいは酷使の果てに死を迎えてきたことだろう。よく知られた故実なら

昭君払玉鞍　　昭君《しょうくん》　玉鞍《ぎょくあん》を払い
上馬啼紅頬　　馬に上りて紅頬《こうきょう》に啼《な》く

今日漢宮人　今日《こんにち》　漢宮《かんきゅう》の人
明朝胡地妾　明朝　胡地《こち》の妾《しょう》

という王昭君を詠った李白の詩を引けば足る。漢の元帝の後宮に入った王昭君は、前三三年、匈《きょう》奴《ど》との親和政策のために呼韓邪単于《こかんやぜんう》に嫁がされて一子をもうけ、呼韓邪の死後は正妻の長子である復株累《ふくしゅるい》と再婚して二女を産み落としたのち、かの地に没したとされる（班固『漢書《かんじょ》』匈奴伝、小竹武夫訳、ちくま学芸文庫）。しかし、無数の名もなき人々の掠奪《りゃくだつ》がこの故実の背景にあったことはいうまでもない。たとえば同じ「匈奴伝」に例を捜せば、「匈奴の三千余騎が五原部に侵入し、数千人を掠奪殺戮《さつりく》し、その後……吏民《りみん》を掠奪して去った」とか、「度遼《どりょう》将軍は塞《さい》を千二百余里出て蒲離候《ほりこう》水に到達し、首級を斬り捕虜とすること七百余、馬・牛・羊の鹵獲《ろかく》は一万余に及んだ」などとあり、どっちもどっち、人の殺戮と奴隷化は枚挙にいとまないのだ（同書）。

司馬遷《しばせん》『史記』「大宛《だいえん》列伝」が書くとおり、漢は西域に道を開き、前一二一年にはタリム盆地と通商路を開いて盛んに往来していた。すなわち「もろもろの外国へゆく使節の一行は、多きは数百人、少なきも百余名に及び、人ごとに持ってゆく信節や幣物は、博望公（張騫《ちょうけん》）のときにさながらであった。漢が使節を出したのは、一年間に多いときは十幾度、少なくて五、六度に及び、遠国は八、九年、近国は数年で帰ってきた」という具合である（小竹文夫他訳、ちくま学芸文庫)。しかし、こうした旅は楽なものではなく、昆明のルート確保のために送った使節は掠奪を受けたり殺されたりすることが相次いだため、ついに軍を派遣して「斬首・捕虜数万人を得て帰った」ものの、このルートはついに完備しなかった。とはいえ海外から珍奇な物産を仕入れて一儲けをたくらむ人は後を絶たず、さまざまな悲喜劇が生じたという。

絹の道

東西交渉路の概略を簡単に引くなら、今日シルクロードと呼ばれているタリム盆地を取りまく道があり、長安からサマルカンドを経て地中海のアンティオキアにいたる。また海のシルクロードともいうべき海路は中国からマラッカ海峡を越えてインド、ペルシア、紅海をつたい、陸路に移ってエジプトのアレクサンドリアに通じている。さらに北方の草原の道は、モンゴル高原の古都カラコルム(中国名、喀喇和林)からバルハシ湖、アラル海、カスピ海の北方を走って黒海北岸のタナイスにいたる。絹織物や香料はいうにおよばず、真珠、象牙、ラピスラズリといった宝石や貴金属、またガラス、陶磁器などの器物もこの道を運搬されてきた。紀元前七世紀、ギリシア人が通商路をスキタイ人と争ってからというもの、多くの商人や軍隊がルートの争奪戦をおこなってきたのだ。後漢以降、大秦《だいしん》の名がしばしば文献に見え、ローマをあらわすとされるが、これには異論も多い。一六六年、異国の人物が中国に到来し、ローマ皇帝マルクス・アウレリウス

（大秦王安敦《あんとん》）の使者と名のったというけれど、いまだその真偽は判然としない。しかし、誰かが道を求めてやってきたのだろう。いつしか大秦の名は幻想的なものと化してしまったとはいえ、そこには数々の思いが込められている。

もちろんローマの存在を中国が認識していたことは確かだろうが、その認識が正確なものだったかどうかは疑わしい。なにしろ、ヨーロッパは六世紀の半ばまでは絹の製法を正確に知ることはなく、それは介在する商人が値をつりあげるために絹の製法を秘密めかして語ったからだとの伝説もある。そして事実、絹の製法は永く国家的な秘密とされ、蚕を国外に持ち出すことは死罪に値した。中国における絹の製法の発見は新石器時代に比定されるから、数千年間を独占してきたことになる。中央アジアには早くから製法が伝わり、また『魏志倭人伝《ぎしわじんでん》』に日本での養蚕が記録されているから、東アジアには知られていたものだろうが、古代ローマでは絹は同量の金であがなわれたというほどの高値だったから、そう簡単に製法を伝えることはできなかったのだろう。地中海を目前にするまで西方に近づいた中国人もいたわけだが、それを阻止したのが絹の通商を握っていたソグド人だったとの推測もあるほどに、この通商路は重要なものだった。ちなみに「絹の道《シルクロード》」という名称は、ドイツの地理学者リヒトホーフェンが命名したものであり（Seiden-strassen）、十九世紀末におこなったアジアの地質調査の結果から導き出されている。

タラス戦役

さて、中央アジアのキルギスタン北西、山間に入るあたりにタラス渓谷がある。アラル海から流れて天山《テンシャン》北路に近づくシル・ダリア（河）とイリ盆地を結ぶ要衝にあたり、古くからの東西交易地として知られるオアシス都市がここにあったが、さまざまな国家勢力ばかりでなく遊牧民族の多くにとっても重要なこの地は、いくたびも闘争の場となった。なかでも有名なのが、七五一年、サマルカンド攻略をめざしていた唐の将軍の高仙芝《こうせんし》がアッバース朝の主勢力と衝突した事件で、ついに二大勢力の大会戦となったが、唐の敗北に終わった。唐は絶頂期にあって西域経営に積極的に乗りだし、一方のイスラーム勢力はササーン朝ペルシアを滅亡させ、東方へ進出する機会をうかがっていた。双方ともに、一方では平和裡の通商の道をさぐり、また一方で軍事勢力の配備も怠らなかった。この両者に挟まれるかたちで中央アジアの支配権を握っていたのが西突厥《とっけつ》（西トルキスタン）であったが、唐はこの国家を撃破し、ついにサマルカンドに迫ってきた。

サマルカンドは、当時はソグディアナ（アラル海の南方地域）の首都であったが、西トルキスタンの属領であったため、唐の触手は当然にこの地へと向かってきた。またこの地に隣接して吐火羅《とから》国があったとされていた。アラブの資料からいえばトハリスタンと称される国で、アレクサンドロス大王の残したギリシア系民族の国家バクトリアにとってかわるものである。現在のアフガニスタン北部地方にあたり、ペルシア系の民族が支配していた地域だが、当時は仏教の影響を大きく残しており、イスラーム勢力と敵対することがあったため、また第三勢力としての吐蕃《とばん》（チベット）ともどもと絡みあいながら、この地の勢力地図は複雑をきわめることになった。

こうして、トルコ系民族の衝突をきっかけにして、ついに唐とアラブの勢力がタラス河畔で対峙し、両陣営は不思議な連合軍となって数度の会戦をおこなった。やがて現在のタシュケント付近にあったシャーシュ国（石国）がアラブ勢力側に転じて唐軍を挟み撃ちにしたことで、ついに唐の軍勢は壊滅するにいたったのであると中国側の文献は述べている。アラブ側の資料によれば事情がちがい、シャーシュ国は中国側についたと主張するのだが、もはやよく知るところではない。アラブの年代記の記すところでは、「ムスリム軍は敵を打ち破り、そのうち約五万人ほどを殺し、二万人ほどを捕らえたので、残兵は中国に逃れた」という（前嶋信次「タラス戦考」『東西文化交流の諸相』、誠文堂新光社）。

しかし、ここで戦役の詳細を見ることはしない。この戦いがかくも有名になったのは、このとき捕虜となった中国人のなかにさまざまな技術者が含まれており、とくに紙漉《かみす》きの技術をもつ者が含まれていて、それがイスラーム圏に紙の製法の伝わるはじまりとなったからである。紙を発明したのは後漢の蔡倫《さいりん》であるとされるが、これは伝説的で、その起源は、実際はもっとさかのぼる。しかし、いずれにせよ前二世紀には紙が作られはじめており、すでに中央アジアにも知られていたが、タラス戦役の結果、その製法が確実にイスラーム圏に渡ったのである。そしてほどなくサマルカンドに最初の製紙工場が建造され、以後もこの地がイスラーム製紙の中心地となった。またアッバース朝のカリフ、ハールーン・アッラシードはサマルカンドから中国人の紙漉工をバグダードに呼びよせて工業化を図り、後にはダマスカスでも製紙工業が発達したが、十二世紀ころまでのヨーロッパでは、この「ダマスクス紙」がもっとも有名な紙として流通することになった。やがて紙の製法は北部アフリカを経由してスペインに伝わり、またシチリアのイスラーム教徒から製紙法を学んだことでイタリアにも製紙工場ができるが、羊皮紙にこだわったヨーロッパは、その本格的な紙の活用まで六百年あまりを要したのである（桑原隲蔵《じつぞう》「紙の歴史」『全集』第二巻、岩波書店）。

これに先立つ二八四年に、西方より「紙の使節」が来たと伝える文書もある。すなわち大秦から蜜香紙三〇〇〇幅がもたらされたが、その紙は魚卵に似た斑点をもち、芳しい香りをはなって水に強いと記されている（『晋書』）。これはシリアの商人が安南（ヴェトナム）付近で買い求めた南方の紙であろうとされるが、いずれにせよ西方の紙であるはずもない。中国人は、紙としてよりもその形態や芳香に興味をもったのだろうか。

ともあれ、タラスの戦いで奪い取られたのは紙そのものではなく、その技術や歴史を呑みこんで生きていた人間であった。その人の名はなんといったのか、どれほどの数の紙漉工がいたのだろうか、サマルカンドからダマスカスに呼び出された中国の工人は、かの地でなにを見ていたのだろうか。いずれも大文字にはじまる歴史からは失われてしまった声なのだが、それを聞いてみたいと思う。

草原を駆ける人々

北アジアの遊牧民文化

樺太《からふと》の対岸に流れるシベリアのウスリー江は、さかのぼれば黒竜江（アムール河）に分かれ、またさらにゼーヤ河へと支流をつなげている。やがてこの河はスタノヴォイ山脈に源流を見いだすことになるが、この河のほとりにフィリモシカ遺跡がある。この遺跡は洪積期に属し、およそ五〇万年前から三〇万年前の人類の足跡が認められる。こうした人類はおそらく南方から移住してきたものだろう。中央アジアからパミールを抜けてイラン高原やアラル海周辺の人類が、またモンゴル高原を抜けて東アジアの人類が、そうして北方のタイガを越えて東ヨーロッパの人類がやってきたのだ。やがて現世人類の祖先が登場し、動物の宝庫であったシベリアに数多くの痕跡を残しながら各地に移住をくりかえしていたものと思われる。

近年になってからもシベリアからゴビ砂漠にかけて数多くの旧石器・新石器時代の遺跡が発掘されており、この広大な世界に多様な文化が展開していたことが確認されてきている。さまざまな洞窟壁画や線刻の岩壁画、あるいは鳥をかたどった彫刻や骨でできた女性の偶像など、すぐれた造形力をしめす遺品があり、宗教も盛んに発達していたことがわかる。青銅器時代（前二千年紀中頃）からスキタイ時代（前五、四世紀）になると、初期の遊牧文化を象徴する「戦車」（馬が引く馬車）の図像も登場している。いずれにせよ、この時代の北方アジアには多様な遊牧民族が交錯し、移動をくりかえしていたことが想像される。スキタイとは、ギリシア人がスキュティアと呼んでいた黒海北方の草原地帯に住む騎馬遊牧民族のことで、おそらくはイラン系に属する民族だろう。

この民族についてヘロドトスは、コーカサス山脈にそってやってきたスキタイ人がメディアを撃破し、アジアを二十八年間にわたって支配したが「アジア全土は彼らの乱暴でなげやりな統治のため荒廃に帰してしまった」と書いている（『歴史』第一巻、松平千秋訳、岩波文庫）。ここでいうアジアとは現在の西アジア一帯にあたるが、つねに移動して街や城を築かない遊牧民族である彼らスキタイ人にとって、定住民族は掠奪《りゃくだつ》の対象でしかなかった。もっともヘロドトスは、この民族には農耕スキタイ、農民スキタイ、遊牧スキタイ、王族スキタイの四種あるとも書いているから（第四巻）、一部は定住していたとも見える。いずれにせよスキタイの侵入は、アッシリア帝国崩壊の遠因ともなったほどに一大事件であった。またペルシア人は、彼らのことをサカ人と呼んでいた。実際はその民族や言語はかならずしも同一ではなかったが、彼ら遊牧民族が展開した広大な空間の文化に共有する特徴が多いため、しばしばサカ＝スキタイ文化と総称されている。

したがってスキタイ時代といっても、その文化は一様ではない。南シベリアのパズィルィク古墳の発掘がおこなわれたのは一九四九年であり、考古学者ルデンコが発掘した第五号墳はもっとも重要な発見に満ちていた。紀元前五世紀ころのこの墳墓は、造営直後から分厚い氷におおわれてしまい、自然の冷凍庫のような状態であったため、収められていた男女のミイラは刺青《いれずみ》があざやかに残り、また壁掛けや絨毯《じゅうたん》、馬車、中国製と思われる絹織物などもみごとな状態で保存されることになった。その図像からは西アジアの影響が読みとれるグリフィンの姿や、供犠をする人々の情景までも見てとれる。この遺跡からは、当時の北方アジアにあった遊牧民文化がきわめて高度な域に達していたことがわかるし、また中国、西アジア、またギリシアなどとの盛んな交渉が存在していたことを想像させる。

中国人の見た騎馬遊牧民族

さて、すでに張騫《ちょうけん》について述べたおり、匈奴《きょうど》について触れておいた。すなわち匈奴とは、前三世紀末から五世紀にわたってモンゴル高原に繁栄した騎馬遊牧民族である。周《しゅう》の記録には、遊牧民族糸思《けんいん》の子孫とあるというが、確証はない。しかし匈奴はすでに、中国の戦国時代にはオルドスを根拠地として盛んに燕《えん》、趙《ちょう》、秦《しん》の北境を侵していた。スキタイに発生した騎馬戦法を東アジアにもちこんだのは、まさしく彼ら匈奴である。一時的に力を失った時代もあったが、秦末にはオルドス地方で覇権を回復した。このときあらわれたのが、かの有名な冒頓単于《ぼくとつぜんう》にほかならない。彼はイラン系の月氏《げっし》やトルコ系の丁零《ていれい》など遊牧諸民族を攻め破り、モンゴル高原の全域を支配するにいたり、ついに紀元前二〇〇年には大同の北に王廷を設け、漢の北辺を荒らした。いわば彼は最初の遊牧国家としての匈奴を興したわけである。なお単于《ぜんう》とは皇帝の意であり、もともとは「撐犁孤塗単于《とうりことぜんう》」という称号を略したものとされる。『漢書《かんじょ》』の理解によれば、「撐犁」は〈天〉を、「孤塗」は〈子〉を、「単于」は〈広大なさま〉を意味するという。その字義については、古くは白鳥庫吉《しらとりくらきち》「蒙古民族の起源」（明治四十年、『全集』第四巻、岩波書店）などをはじめとして多くの説が出されてきたが、いまここでは詳述しない。ともかく単于は、単于庭と呼ばれる宮廷を内モンゴルのフフホト（あるいはオルホン河畔カラコルム）に置き、中央部を直轄していた。

さて司馬遷《しばせん》の『史記』にしたがうなら、匈奴の生活とはこのようなものであった。

匈奴は……北辺の未開地に住んでいて、牧草のまにまに牧畜しながら居を移した。その家畜の多くは馬・牛・羊で、特殊のものとしては、駱駝《らくだ》・驢馬《ろば》・騾馬《らば》・駃騠《けってい》・騊駼《とうと》・驒奚《てんけい》などがあった。水や草を追うて遊牧し、城郭も定住地も耕作の田地もなかったが、しかしやはりそれぞれの領域はあった。文書を用いず、ことばで約束をした。子どもでも羊に騎《の》り、弓を引いて鳥や鼠を射ることができ、やや年長になると狐や兎を射て食用に供し、壮丁《そうてい》にはよく弓をひいて、みな騎兵になった。習俗としては、平時は牧畜のかたわら、禽獣を狩猟《かり》して生業とし、戦時はいずれも軍事を訓練して侵略攻伐したが、これはほとんど天性にもとづくものであった。

……年の正月には、もろもろの長は単于の庭《やかた》に小集会をして祭祀《まつり》を行ない、五月には龍城《りゅうじょう》(天を祭る場所)に大集会して祖先や天地鬼神を祭り、秋、馬の肥えたとき、蹛林《たいりん》に大集会して、人畜の数を調査した。……単于は朝、幕営を出て日の出を拝し、夕には月を拝した。座席は左を上座として北に向かい、日柄は戊《つちのえ》と己《つちのと》の日を吉とした。送葬には棺椁《かんかく》・金銀・衣《かわ》裳《ごろも》を用いたが、墓に土を盛らず、樹を植えず、喪服もなかった。

(『史記』「匈奴列伝第五十」小竹文夫他訳、ちくま学芸文庫)

なお、騾馬とは牡ロバと牝馬との雑種、駃騠とは牡馬と牝ロバとの雑種をさし、騊駼は青馬、驒奚は野馬のこと、また棺椁は棺槨とも書き、かんおけのことである。この記述は班固の『漢書』

匈奴伝でもそのまま踏襲されているが、中国との比較として書かれているため、文書を用いないとか墓に土を盛らないなど、いささか蔑《さげす》んだような書きっぷりである。漢の高祖のとき、山西省で匈奴は皇帝の率いる軍を四〇万の軍勢で包囲して屈服させ、中国にとって屈辱的な講和条件を呑ませたりしているから、恨み骨髄でもあったろう。それ以後の漢は、武帝の登場するまで貢物を贈らなくてはならなかったのである。

ところで、正月と夏の初め、秋に大集会をおこない、祖先の霊や天地の神に祈ったとの記述のあることから、匈奴の宗教がシャーマニズム的な儀礼を中核とするものであるとわかり、その意味では古代北方アジアの宗教性を強く保持していたことを匂わせる。けれども国家の行事としておこなわれる祭祀には政治色も加味されており、いわば政治の中心に祭祀の場（龍城）を置いていたわけである。この龍城は、自然木や材木を積みあげた祭壇であったらしい。また遊牧民として、冬営地と夏営地との移動を開始する春五月と秋九月、またそれに正月を加えて年三回の祭祀をおこない、馬の犠牲を捧げたり、競馬や相撲などの競技、あるいは舞曲・舞踊を演ずることで吉凶を占ったものらしい。この龍城という場で次代の単于を定めるなどして、シャーマンが政治にも強くかかわったのだろう。その意味では単于という存在は、それ自体が一種の祭司王でもあったといえる。

遊牧民のアドヴァイザー

また冒頓単于の死後、その子である稽粥《けいいく》が単于となって立ったが、この人物は中国の衣服や食物を好んでいた。すると側近の宦官《かんがん》であった中行説《ちゅうこうえつ》がそれを諫《いさ》めて

匈奴の人口は漢の一郡にも匹敵しません。それにもかかわらず強いのは、漢とその衣食を異にし、その供給を漢に仰がないからです。いま単于が習俗を変えて、漢の産物を愛好されるなら、漢は自国で費やす物資の十分の二を匈奴のために費やすだけで、匈奴の民はことごとく漢に服従しましょう。いったい漢の絹・綿でつくった衣服を着て、草深い棘《いばら》の中を駆けめぐったら、衣《うわぎ》も袴《はかま》もたちまちにみな裂けて破れてしまいます。その点でも漢の衣服が匈奴の皮衣の丈夫で善いのに及ばないことを国人にお示しになり、また漢の食物を手に入れられても、みな棄てて匈奴の牛乳・乾酪《かんらく》［チーズ］の便利さや美味《うま》さに及ばないことをお示しになりますように。

（『史記』、同所）

と述べたという。この中行説は燕の人だったが、乞われて匈奴のもとにゆき、よく遊牧民の生活を見ている。また中行説が、漢の使者に反論する場面がある。

漢の使者のある者が「匈奴の風俗は老人を賤《いや》しめます」と言うと、中行説はその使者をなじって、「おまえの漢の風俗でも、駐屯守備のため従軍して出発しようとするとき、年老いた親として、自分の暖衣や栄養のある美味をさいて、出征する子に持たさない親があるだろうか」と言い、漢使が「それはない」と言うと、説は言った。「匈奴は公然と戦争を本務としている。老弱者は戦闘できないので、もっぱら壮健な者に美食させ、それで自らも国を守ると思っているのである。それでこそ父老もそれぞれ長く身を保つことができるというもの。どうして匈奴が老人を軽んずるなどと言えよう。……ああ、泥の家に住む漢人よ、顧みて多弁を弄するものではない」。

（『史記』、同所）

この「匈奴列伝」の前に置かれているのが「李将軍列伝第四十九」であり、匈奴との戦闘に功労のあった李広《りこう》の事績を記録するものである。その孫が李陵《りりょう》であり、紀元前九九年、志願して匈奴討伐の軍を率いたが、ついに敗北して匈奴に降伏した。これを司馬遷が弁護したために、彼は武帝の怒りに触れて宮刑を受けるはめとなるのである。李陵は単于の娘をめとって二十数年を匈奴の地に暮らして病没した。中島敦の小説「李陵」のモデルがこの人物であることは有名だろう。『史記』のこの段にも後の加筆と思われる李陵伝が見えている。なんとも皮肉な結果というほかないが、それほど匈奴との闘争は苛烈なものだったのである。

その後の匈奴

『漢書』には「匈奴伝第六十四下」として、その後の匈奴の歩みについて詳細な記録を残すけれども、ここでは触れない。紀元前六〇年ころから匈奴には内紛が生じ、分裂して一部は後漢にくだり、南匈奴と称して中国の守備をおこない、別の一部はモンゴル高原にとどまって北匈奴と呼ばれていたが、長く後漢との争いを起こしながらも、二世紀の半ばには中国の歴史からは消え去っていった。四世紀になってヴォルガ河流域の東ゴート族を征服し、東ローマ領に入ってハンガリー平原を制圧するにいたるフン族は、その名称や使用言語などから北匈奴の子孫ではないかとの説がある。フン族が内陸アジアのステップ地帯からあらわれた騎馬遊牧民族であるのは確かであり、トルコ＝モンゴル系の文化を残している。やがてアッティラがフン族の支配権を握ると、黒海からライン河にいたるフン帝国が生まれて、たびたびイタリアにも侵入し、いわゆるゲルマン民族の大移動という事態をも導くことになった。もし彼らが匈奴の末裔であるのなら、漢とローマというユーラシア東西の二大帝国を脅威に陥れたことになり興味をそそるのだが、この議論には踏み入らずにおくほかはない。

漢の武帝が匈奴にたびたび激しい攻撃をかけ、とくに紀元前一二一年には驃騎《ひょうき》将軍、霍去病《かくきょへい》の率いる大軍が河西《かせい》地方で匈奴を圧倒し、軍事的に打撃を与えた。それのみならず、すぐれた牧草地であったこの地方を失うことは、匈奴にとっては経済的な損失でもあった。また匈奴がこの地域を支配していた当時、この地方は西域との貿易路でもあったので、その通行権の支配力をも失うことにもなり、その点でも匈奴の経済的基盤はいちじるしく疲弊することになった。また中国は、戦国時代の末には鉄の製錬技術を高め、すぐれた鉄製の武器を開発しており、いまだ青銅器の武器しかもたなかった匈奴は、当初こそ騎馬技術と射術の巧みさで中国を脅かしたものの、しだいに戦いに苦しむようになる。とはいえ、騎馬遊牧国家はここからはじまるのだ。

狼たちの末裔

匈奴から突厥へ

匈奴《きょうど》が北アジアから消え去ってから、現在の内モンゴルにあたる地域は鮮卑《せんぴ》の支配するところとなり、外モンゴルには丁零《ていれい》があらわれた。丁零とは勅勒《ちょくろく》の前身にあたるが、この勅勒という名称はテュルク（türük）の音写と考えられるので、トルコ系の民族であったと思われる。また鮮卑は、中国古代に今の遼寧省から内モンゴル自治区一帯にかけて居住していた遊牧民族であり、モンゴル族に属する。この民族は漢の初め、匈奴の冒頓単于《ぼくとつぜんう》に討たれるとシラムレン流域へ北上した。遊牧狩猟を主とし、肉を食い酪《らく》を飲み、春になると全部族員がシラムレン河畔に集会し、酒宴のあとで配偶者を決めた、などと中国の史書にある。のちの北魏《ほくぎ》は鮮卑の拓跋《たくばつ》部からおこった国家だが、やがてその北方から柔然《じゅうぜん》という遊牧国家が勢力を伸ばしはじめ、五、六世紀にはモンゴル高原全域を支配することになった。中国史書では蠕蠕《ぜんぜん》、茹茹《じょじょ》、操操《ぜいぜい》とも書く。とりわけ、この遊牧国家から、四〇二年になって社崙《しゃろん》という人物が立ちあがり、やがて彼が北アジアのほぼ全域を握ってみずから「丘豆伐可汗《きゅうとうばつ》」と称し、おおいに勢力を伸ばしたことが重要である。しかし、この国家は六世紀半ばには壊滅した。とはいえ、彼の称した「可汗」（カガン＝qaghan）という騎馬遊牧民族に特有の君主の称号はここにはじまっており、のちに広く使われることになる「カン（汗）＝qan」は、この語の縮小形ともいわれている。このように遊牧民国家の醸成は持続され、おおくの国家の芽が広大な草原に育っていたのだ。

さて、勅勒の名は中国史書で鉄勒《てつろく》とも書かれた。たとえば『隋書《ずいしょ》』鉄勒伝によれば、この民族は匈奴の後裔とされ、やはり騎馬遊牧民族であって、若干の農耕はおこなっていたようだが、牛や羊の遊牧を主たる生業としていたとの記述が残されている。資料が少なくて正確なところはわからないが、ともかく今日アナトリア半島（トルコ共和国）に住むトルコ系民族と中国北方からバイカル湖周辺に展開していた騎馬遊牧民族が深いつながりをもっていることがわかる。じっさい現在のトルコ系民族は北アジアから永い年月をへて移住してきたものと思われるし、その痕跡は中央アジアに数々見られる。トゥルクメニスタン共和国の存在がそうであるし、アフガニスタンや中国、パキスタンにおけるトルコ系の民族の分布が証拠となるだろうか。すでに、民族と文化の複雑な混交ははじまっていた。

やがてこの地に突厥《とっけつ》(「とっくつ」とも読む)が登場する。突厥という語もテュルクの派生語とされるが、このトルコ系とされる遊牧民族の部族連合国家は、六〜八世紀にかけて北アジアから中央アジアを広く支配することになった。『周書《しゅうじょ》』突厥伝にいう。

突厥はもともと匈奴の別種で、姓は阿史那《あしな》氏、別れて部族をなしていた。のちに、隣国に破られて全滅した。その一族のなかに、一人の十歳になるかならぬかの子どもがいたが、戦士たちは、その小さいのを見て、殺すに忍びず、ただ足を切り、草の茂ったなかに棄てておいた。牝の狼がいて、肉をその子どもに食べさせた。彼は成長して狼と交わり、狼は懐胎した。隣国の王は、この子どもがまだ生きていることを聞き、ふたたびそれを殺させようとした。派遣された者は、狼が側にいるのを見て、いっしょに狼を殺そうとした。狼は逃げだし、高《こう》昌《しょう》国[今日のトルファン]の北の山に逃れた。山には洞窟があり、穴のなかは平野で、草が茂り、周囲数百里、四面は山で囲まれていた。狼はそのなかに隠れ、ついに十人の子を生んだ。十人の男の子は成長し、穴の外に出て妻を得て子を設けたが、その後嗣がそれぞれ一族となった。阿史那はすなわちそのひとつである。

また『隋書』突厥伝では、同様の記述のなかに「狼に神がのりうつったようになって山に向かった」とあるから、この狼は一種のトーテムなのかもしれないけれど、これこそユーラシアをつらぬく狼祖《ろうそ》伝説の典型である。ともかく中国史書は、やがて彼らの子孫が金山（アルタイ山）の南に出て茹茹の臣となり、とくに鉄工となったが、金山はかたちが兜に似ており、彼らのことばで兜のことを突厥といったので、それが彼らの名となった、と伝えている。

遊牧民国家の展開

中国史書の書き残すこうした伝承に触れたのは、じつはきわめて融通無碍《ゆうずうむげ》な連合体である突厥が、ほぼ北アジア全土を掌握し、強大な世界帝国を築きあげていたにもかかわらず、その始源がこのような伝説で語られていたことの不思議さを見ていただきたかったからである。たしかに突厥という語は、トルコ系民族の系譜をあらわしている。そして国家の中核には、おそらくそうした民族が座りこんでいたことだろう。しかし、この国家の実態は多様な民族と宗教の混在するアマルガムであったのだ。杉山正明『遊牧民から見た世界史』（日本経済新聞社）にしたがえば、

突厥は、まさに連合体であった。テュルク語で、こうした連合体の政治・社会組織の全体を「イル」、もしくは「エル」といった。あくまで、人間の集団をさす。しかし、あえて現代のことばに置き換えるならば、「国家」なのだろう。ただし、「国家」といっても、領域が固定

しているとは限らず、移動・移住しようが、人びとのかたまりさえいれば、「イル」もしくは「エル」であった。そういう「国家」なのである。

国家は固定されていて動かないというイメージは、近代西欧の国家観から来る固定観念であると杉山はいうが、この突厥のような多民族連合体としての国家、同族意識とヒエラルキーに支配された国家とは異なる「ネットワークとしての国家」観は、現代の中東にも生きている。しかし、まさしくこのような国家観こそ、強力な中央集権国家の確立をめざす当時の中国にとっては、いかにも理解しがたいものだったのではないか。

じっさい、たえまなく離散集合し、安定することのない突厥の動きを中国は冷徹に見守っている。なかでも興味ぶかいのは、次のような記事である。

北斉《ほくせい》に恵琳《えりん》という仏僧がいたが捕えられて突厥に入っていた。そして陀鉢《たはつ》可汗に「斉国の富強は、みな仏法があるためだ」と言い、十二因縁と因果応報の理を説いた。可汗は、それを聞いて信じるようになり、一つの伽藍《がらん》を建て、斉に使者をやって浄名《じょうみょう》・涅槃《ねはん》・華厳《けごん》などの経典と十誦律《じっしょうりつ》とを求めさせた。陀鉢自身も斎戒《さいかい》し、塔をめぐって修道し、中国内地に生まれなかったことを残念に思ったという。

『隋書』突厥伝で、この記述は民族の宗教に関する記述のすぐあとに見えている。すなわち突厥の宗教はシャーマニズムであり、「鬼神を敬い、巫《ふ》（シャーマン）を信じる。……だいたい匈奴と同じ風俗である」と記したのち、このエピソードがあらわれる。陀鉢可汗《タスパル・カガン》（在位五七二〜五八一）が仏教を導入することに熱心だったことは確かなようだが、その信仰の拡がりは支配者層に限ったことであって、のちの毗伽可汗《ビルゲ・カガン》（在位七一六〜七三四）が仏寺・道観の建立を企てたとき、重臣に遊牧民としての伝統的習俗を棄ててはならないと諫《いさ》められているように、その宗教は依然としてシャーマニズムだった。のちに突厥の滅亡後、ウイグル系の国家が覇権を握り、マニ教が盛んにおこなわれることもあったが、やはり遊牧民族の宗教観の根底にはシャーマニズムが生きつづけていたのだ。

国家としての突厥は八世紀半ばまで存続し、文化的にも文字の使用などが重要である。突厥の碑文文字は三十八の主要な文字からなり、右から左に書かれる。おおくの碑文が見いだされているが、なかにはソグド語や漢文の混用も見られるので、多彩な民族交渉がその背後にあったことも読みとれる。突厥語は古代トルコ諸語のひとつで、その碑文はこれら諸言語の最古の資料となっている。文字はデンマークの言語学者トムセンが一八九三年に解読した。ここからわかるのは、突厥が一種の公用語と公用文字をもっていた事実で、国家システムのちがいはあっても、すでに北アジアの草原に新しいアジアの空間ができあがっていたのだ。その力が存分に発揮されるまでには、そう時間はかからないはずである。

新たなる狼

これまで匈奴から突厥へと北アジアの遊牧民の歩みをたどってきたのは、その歴史を見ることはもちろんだが、彼らの存在こそがアジアの背骨を現実に形成していたことを再確認するためであった。しばしば日本では、アジアというとシルクロードを限界として、その北方をあまり見ない傾向があるが、じつはその地にこそ豊かな根源が広がっている。たとえば杉山正明は「おそらく、成立当初の唐朝は、ふたたび強力となった東突厥の属国であった」（前掲書）とまで書いているが、これは暴言ではない。なぜなら少なくとも中国は、その後の元《げん》代をはじめとして、たびたび遊牧民国家の支配下にくだっているし、国家の乱立する時代には北魏のような遊牧民国家がいくつもあった。そういう意味では、いかに万里の長城を伸ばそうとも、中国的世界のうちにはつねに遊牧民の空間があった。むしろ遊牧民の世界が本当に崩壊の危機に瀕しているのは、中国と旧ソ連とが急速に資本主義化（もしくは世界経済化）している現在なのだろう。ぼくたちが北アジアの豊饒な文化を見失ってしまったのは、じつはごく最近なのである。

ここでモンゴルの登場、一二〇六年にチンギス・ハーンがモンゴル草原の諸部族を平定し、未曾有の大帝国を築くにいたった経緯に触れることは早すぎるかもしれない。しかし『元朝秘史』

の冒頭で、チンギス・ハーンの祖先はこう描写されている（小澤重男訳、岩波文庫）。

チンギス合罕《カハン》の根源《おおもと》は、上《かみ》なる天神よりの命運《さだめ》をもって生まれた蒼い狼《ボルテ・チノ》であった。

この記述は、先の『周書』突厥伝以来の表現と見合うものであって、草原の文化は脈々と伝えられていることがわかる。こうした狼祖伝説はハンガリーのマジャール民族などにも見られ、あるいはすでに触れたフン族の影響なのかもしれないが、チンギス・ハーンを神格化するための論理であるにしても、そのイメージの流れは深い。

ながれゆく国家

しばしば中国では、匈奴や突厥、あるいは回鶻《かいこつ》（ウイグル）、契丹《きったん》、モンゴルなどの遊牧国家をさして「行国《こうこく》」と呼ぶことがあった。たとえば『史記』「大宛列伝」に「烏孫《うそん》は行国で、家畜にしたがって移動している」などの文が見える。こうした遊牧国家が、王をはじめとして定住せずに季節的に移動していたことからくる表現である。突厥が滅びたのち、ウイグル国家が生じて城塞都市を築くこともあったが、それでも王はそこに定住することはなく、その周辺で季節的な移動をくりかえしていた。したがって国家とはいっても、その支配層は氏族的な関係で独占され、そこから部族的なネットワークが拡がるような構造をもっていた。行政区分に基づく固定した地縁関係は生み出されずに、動きつづける血の関わりが国家を支えていたのだ。

しかし、それは同時に多様な交易ルートを生み出す原動力にもなり、シルクロードや北部ステップ・ルートを活発に機能させることにもなった。だから国家とはいっても国境は存在しないも同じで、その境界は力関係にもとづく勢力範囲というほどのものであった。戦いに勝てば前へ走りだし、負ければはるか後方へと逃げ去るという具合で、その地図は刻々と変化しつづける。山や河、街や城壁に国境をイメージする現代人には理解しづらいが、アジアの中核にはこうした揺れ動く空間がいくつも内包されてきたのである。たしかに狼の子孫であるにはちがいない。

仏教が生まれ故郷のインドからは排除され、チベットと日本に新たな根拠地を求めたのとちがい、イスラームがたちまちアジア全土に広まり、きわめて多様な展開をしめしたのは、それが遊牧文化を背景にもつ信仰であったことと無関係ではない。この新宗教がさまざまな遊牧国家の作り出したネットワークのうえに展開し、軍事と商業のルートに乗って信仰の道を延ばしていったことは確かである。そういう意味からいえば、遊牧国家の生み出した曖昧な空間は、それだけに豊かな運動性を秘めてアジアという空間を拡大しつづけていたともいえる。

これまで北アジアの歴史があまり語られてこなかったのは、この流動性と無関係ではない。さまざまな民族と言語が混じりあい、融合と離散をくりかえし、いわゆる国家を確定しないままに生まれては消えていった。しかし、この夢のような国家観を、いまこそ見直すべきであろう。

イスタンブールへ

ふたつの金角湾

アジアの東の果てを思えば、それはたとえばシベリアの東端であり、日本列島の拡がりであるかもしれない。けれどもアジアの西の果てとなると、これが簡単には確定できない。本書の冒頭で述べたように、地理学的・地政学的にアジアはいくたりかの山脈や海峡で切り分けられ、ヨーロッパと向きあわされている。ユーラシア大陸は、いわばヨーロッパ＋アジアとして想定されている。しかし、たとえば井筒俊彦のような人は、古代ギリシア世界をもアジアの範疇に入れてしまう感性を持っていたし、一方、ヘロドトスにはじまるギリシア人のアジア観も、単純なヨーロッパとの対立関係ではなく、微妙なアジアとの浸透圧をもっていたように思える。アジアの西端は、いまも曖昧なのだ。

中国を核としつづけるかぎり、北アジアの歴史はよく見えないままにとどまり、じつは北方の騎馬民族の歴史がアジア史を縦に貫いていることを、これまで見てきた。そのことは同時に、西ヨーロッパの歴史を重視するかぎり見えなくなってしまうもうひとつの歴史、今日の地政学では見えない西に拡がるアジアの世界を暗示してもいる。そうした固着した歴史観を打破してゆくのは、たとえばアレクサンドロス大王やチンギス・ハーンなどの越境的な戦争の道筋であり、あるいは仏教やキリスト教などの世界宗教がめざした布教の歩みであったのだが、そのときアジアとヨーロッパの境界は曖昧になり、観念的になり、イデオロギー的な障壁へと変容してゆく。方位としての「東」がアジアを意味していたことは事実なのだが、たとえばロシア語で「東」を意味するВосток［ヴォストーク］は、ロシア的にいうアジアの隠喩や人工衛星の名称としては美しいものだが、Владивосток［ヴラディヴォストーク］、いわゆるウラジオストック（日本では「浦塩」などと表記された）という地名は、そのまま「東方の領有」、つまりはロシアにとっての東の果てをにらみつつ、その支配権を確保するための砦《とりで》という意味をもつ地名なのである。いかんせん、つねに「東」は「西」にとっての戦場でありつづけていたのだ。

ウラジオストックは新しい街であり、その基礎がひかれたのは一八六〇年代である。アムール河の河口近くに開かれたこの街は、中国・朝鮮との国境に近接しており、じっさいこの都市の建設に従事した労働者の大半は中国と朝鮮の人々であったという。この地は基本的に軍港として開発されたため、おおくの地域が立ち入り禁止区域とされていたものの、この都市の労働者の四〇パーセントは中国人であり、港の一部はフランス、ドイツなどヨーロッパ各国に開かれた国際貿易港でもあった。港湾は入り組んでいて、背景の丘は高く見晴らしが拡がり、防衛上の要件を満たしている。かつては白軍の勢力の強い地域であって、完全にソヴィエトの勢力下に入るのはスターリン時代になるのだが、シベリア鉄道の東の玄関として、つねに重要な意味をもちつづけていた。

さて、この港の面する海は、金角湾と呼ばれている。まさしくイスタンブールの金角湾からとられた名称なのだろう。その名称の由来について、いま詳しいことは知らないけれど、はじめてウラジオストックを訪れて丘のうえから港の全容を眺めたとき、この湾の名を聞いて驚いたものだった。アジアの東西の果てにふたつの金角湾がある。どういうことなのだろうか。

イスタンブール以前

かつて「トプカピの秘宝」（一九六四年）という映画があって、トプカプ宮殿にある世界最大のダイヤモンドをめぐる争奪戦を描いたものだったと記憶する（この宮殿の本来の名称「Topkapı Sarayı」の日本語表記は「トプカプ・サライ」とする方がより正しい）。それはともかく、十九世紀のイスタンブールはスパイの王国とも呼ばれ、世界各国の諜報員が虚々実々のかけひきをおこなっていた特異な空間であった。それというのも、まぶしいほどの栄華を誇っていたオスマン・トルコ帝国も落日を目前とし、ヨーロッパ諸国の干渉に抗しきれなくなっていたからだ。もはやイスタンブールは舞台でしかなく、オスマン帝国にスルタンの威光は見えないという状況である。かのアガサ・クリスティーがホテル・ペラパラスからの謎にみちた失踪事件を起こしたのも、そんな時代のイスタンブールであった。ウラジオストックの港に金角湾の名が与えられたのは、こうした混乱する社会背景のもとでだったのだ。

のちにイスタンブールと呼ばれることになる都市の基礎が築かれたのは、紀元前七世紀半ばのことであって、ヘロドトスによれば前六六八年にメガラ人によるギリシア植民都市として最初に建設されたといわれている。しかし、古代からアジアとヨーロッパの境界をなしていたこの都市はたえまない対立と争奪の場でもあって、前四七八年まではペルシアのダレイオス一世のもとでペルシアの支配下にあり、やがてアテナイとスパルタがこの地の支配権を求めて争うことになる。前三世紀になるとケルト人の侵入をこうむり、四世紀をむかえてローマ帝国に編入されることとなった。地中海と黒海を結ぶボスポラス海峡に面したイスタンブールが、軍事的にも商業的にも最良の位置にあたることは、すでに何度か述べた。ギリシア＝ローマ時代にはビュザンティオンもしくはビュザンティウム（Byzantion / Byzantium）と呼ばれていたが、ローマの皇帝コンスタンティヌス一世がこの地をローマ帝国の新たな首都と定め、三三〇年に「第二のローマ」として位置づけることになった。この地にローマ帝国の中心を置くという判断は、同時にアジア（とりわけペルシア帝国）をにらむ場に根拠地をすえるという、マケドニア以来の意識を踏襲したものでもある。そしてこの都は、創設者の名にちなんで「コンスタンティノポリス」（コンスタンティヌス帝の都）と名づけられた。キリスト教を国教に位置づけようとしたこの皇帝の造りあげた都は、同時にキリスト教の支配する最初の首都ともなったのである。

このローマ帝国の首都は、それから千年間の栄華を誇ることになる。その詳細に触れることはしないが、初期キリスト教の公会議などは主としてこの都市でおこなわれ、その主要な舞台となったのが、三二五年に建設のはじまったハギア・ソフィア寺院である。創建当時の寺院は焼失したが、のちの五三二年にユスティニアヌス一世が起工した寺院が現在に偉容を残している。このバジリカ様式と集中式プランを融合させた特異な建築形式は、いまもトルコ様式のモスクの基本的なモデルである。現在は博物館として公開されているこの教会＝モスク（トルコ語でアヤ・ソフィア）は、永きにわたって、アジアの西の果ての歴史を見つづけ、またみずから歴史そのものを体験することになった。これは歴史の皮肉だろうか。

海を越えるイスラーム

唐代にマラッカ海峡を越えて中国にやってきたイスラーム商人や、インドやメッカに向けていくたびもの航海をおこなった明《みん》代の鄭和《ていわ》のように、イスラーム教徒は積極的に海外に進出してゆき、アジアのネットワーク化を強化していった。そうしたネットワークのなかにあってコンスタンティノポリスは重要な位置を占めつづけていた。それ以前のビザンツ帝国下でも四二五年に大学が設置されてギリシア＝ローマの古典文化をめぐる研究機関の中心地となっているし、のちにバグダードが学問研究の中核をしめる時まで、古典古代の哲学や文学はこの地に保存されてきた。こうした姿勢は、ヨーロッパの側から見ればきわめて特異なことであり、アジア各地からも文人・学者が結集していたこの地は、聖職者や修道士が学問と文化を担っていた西ヨーロッパとは本質的に異質な場を形成していた。

六世紀当時、すでに五〇万人を超す人口を擁していたコンスタンティノポリスは、ギリシア語はもとより、ラテン語、ペルシア語、アラビア語、ヘブライ語、ロシア語などの多様な言語が飛びかう国際都市であり、さまざまな商人が形成するギルドが生まれ、多彩なオリエントの商品が流通する西への窓口でもあった。しかし、イスラーム勢力の台頭とそのネットワークの拡大、また一方のヴェネツィアの経済力が伸張するなかで次第に圧迫され、少しずつ本来の都市の力を失っていったのである。

そこに登場するのがオスマン・トルコ族だった。十一世紀末ころに中央アジアからイランへと移動してきたトルコ系の諸民族は、一二九九年にコンスタンティノポリス近郊にオスマン帝国を建設し、ブルサをはじめとするアナトリアの主要地域を手中に収め、主だった通商権を次々とビザンツ帝国から奪い取っていった。やがて一四五一年、メフメト二世がオスマン帝国のスルタンとなり、ついにコンスタンティノポリスは強大なトルコ軍と直面することになる。一四五二年、メフメト二世はこの都市の攻略に着手し、ボスポラス海峡のもっとも狭まった地点に要塞を築き、ヨーロッパ側とアジア側の双方から包囲した。やがて二ヵ月にわたる攻防戦の末、ついにコンスタンティノポリスは陥落したのだが、ジェノヴァとヴェネツィアからわずかな援軍が来たにすぎないという事実からいっても、すでに都市としての命運は尽きていたのだろう。ビザンツ帝国の最後の皇帝は、戦乱のなかで行方不明となった。ローマ帝国の栄光はここについえさり、コンスタンティノポリスに入城したメフメト二世はただちにハギア・ソフィアに向かい、そこでメッカに向かって神に勝利を感謝したという。

この戦いは、ヨーロッパにとっては首都陥落であり、キリスト教国は震撼し、メフメト二世は「征服者」(ファーティフ)の異名をとることにもなった。イスラームの都となったこの都市はイスタンブールと名を変え(「街へ」を意味するギリシア語 *istinopolin* が語源だとの説がある)、キリスト教国の象徴であったハギア・ソフィアはモスクに改築された。しかし、同時にメフメト二世は学問や芸術を奨励するとともに、多様な宗教にも寛容な姿勢をとった。当時の慣例では、都市を陥落させた軍隊には三日間の掠奪《りゃくだつ》の権利があったが、メフメト二世はそれを禁止し、戦乱で荒廃した都市の再建と法整備に努めた。彼の指示で編纂された世俗法集成である『カヌーン・ナーメ』には、キリスト教国時代の法規も組み込まれ、また、この地を本拠とするギリシア正教、アルメニア教会の主教座も手厚く保護した。また彼はおおくの学者や美術家を招待し、ヨーロッパから追放されたおおくのユダヤ人たちをイスタンブールに受けいれてもいる。こうしてイスタンブールは、ふたたび世界都市としての力を取り戻すことになったのである。

アジアの果て?

こうしてアジアとヨーロッパの接点は、イスラーム世界が担うことになった。ボスポラス海峡を黒海に向かってのぼってゆくと、ボスポラス橋とファティフ橋という、海峡を渡るふたつの大きな橋を見ることができる。そしてこの橋をヨーロッパ側から渡ると、橋を渡りきるところに慎ましやかな看板があり、「アジアへようこそ」と書いてあることに気づく。ああ、ここからアジアなのだと思い、自分の知っているさまざまなアジアの風景が脳裏に浮かんだりもするのだが、しかし、本当にここがアジアとヨーロッパの接点なのだろうか。

いわばアジアとヨーロッパの接点とは、山脈や海峡で切り分けられた地理学的な境界などではなく、つねに地政学的な戦いの場であったと思う。たとえばアレクサンドロス大王がペルシア帝国を駆け抜けてインドに迫り、インダス河の岸辺にいたりついた時は、そこまでヨーロッパがにじりよっていたということだろうか。あるいは逆に、チンギス・ハーンの軍勢がオーストリアの城塞に攻め入ろうとした時は、そこまでアジアが拡大していたというべきなのかもしれない。なにもアジアとヨーロッパを二元論的に語るつもりはなく、そういう見方も可能だというまでのことである。とはいえ、イスタンブールとウラジオストックに金角湾があるように、現実の地形や道が人々の意識に境界を暗示することも事実なのだろう。

イスタンブールの街のあれこれの場所を語ることはたやすい。さまざまなモスク、地下貯水場、ローマの水道、あるいは混交する風俗・慣習にしても、それは複雑な歴史を反映して汲み尽くせぬ意義を内蔵している。しかし、この都市の最大の魅力は、それがアジアとヨーロッパにまたがっているという点にある。ぼくは、いくたびもこの境界を渡ってきた。そのつどに「アジアとはなにか」と思い、この都市の謎が深まってゆく。かつて誰かが書いていたことだが、イスタンブールという空間は、あらかじめ「想像的なるもの《イマジネール》」だったのかもしれない。あらゆるものがこの都市に集まり、そして散っていったのだ。撒種《さんしゅ》の場としての都市。まさにアジア的ではある。

ポール・ヴァレリーは東洋は幻想であると説き、不正確で、とりとめのない、混乱した知識のなかでアジアを夢想するのが最上だと反語的に語っていたが、その曖昧な境界がイスタンブールに見えてくる。もう一度あの街に行かなければ。

平和の都、バグダード

ティグリスの河畔に

バグダード（Baghdād）という街の名は、神（bagh）の賜物《たまもの》（建設されたもの dādh）という意味のペルシア語がもとであるとか、「羊の家」を意味するアラム語がもとであるとか、さまざまな説が語られているが、本当のところはわからない。アラビア世界にかかわるさまざまな歴史家が語る前者の理解によれば「神の意志により建設された都」とすべきものだろうが、ながらくアラブ世界では「平和の都」（マディーナ・アッサラーム）がこの都市の正式名称とされてきた。神に祝福された都の意であろう。ところで中国の地理書では、しばしばこの都市を「円城」と表現してきた。どういうことなのだろうか。

もとよりこの街の位置するところは、メソポタミアの重要な場である。メソポタミアとはギリシア語であり、ティグリスとユーフラテス両河の「あいだ」に拡がる空間を意味している。ところが、今日のバグダードより北が本来のメソポタミアであったとする認識もあり、その南はバビロニアとされていた。アラブ世界では、この狭義のメソポタミアをバビロニアと対比して「アル・ジャジーラ」と呼んでいた。バグダードは、ティグリスとユーフラテスがもっとも接近する地域にあり、地勢的にも大きな境界をなしていることがわかる。ここに街が築かれた記録はハンムラビ王の時代（前十八世紀）にまでさかのぼるが、前八世紀にはアラム人が住みつき、年ごとの市が開かれることで他国にも知られており、中世にいたるまでヨーロッパでは、この都こそ聖書に描かれた伝説の王都バビロンであると信じられていたという。

もちろん当時のこの都は、大河を運送に利用しやすいことで経済的に発展していたのだが、政治的・文化的には重視されてはいなかった。むしろこの地は水脈豊かなステップ地帯に位置することから、はるか古代から遊牧民の遊歩する空間であり、さまざまな王朝にとっては支配しがたいやっかいな場でもあったのである。「旧約聖書」の「創世記」にも出てくるティグリスという河の名は、やはりギリシア語の名が元となるのだが、この語は虎（tiger）を意味するといわれる。水源から猛烈な落差をもつこの河は、まさしく荒れ狂う虎のように氾濫をくりかえし、いくたびもおおくの都市を呑みこみ、水没させてきた。バグダード周辺にもおおくの古代都市の遺跡が埋もれていて、何層にも重なって街の遺構が見える場もある。その意味では、砂漠地帯のなかにあってたえまなく豊かな土壌が流し込まれる豊饒な土地であったと同時に、治水上ではきわめて危険な空間であったことも事実である。この千年間のあいだにも、バグダードの近辺でティグリスの流れは大きく変わっている。これからも変わるのだろうか。

新たな都市の建設

アッバース朝（七五〇～一二五八年）は、西は今日の北アフリカのチュニジア、東はイランからアフガニスタンにかかる地域までを支配したイスラーム王朝であるが、この王朝の意味は世界史的なもので、しばしば「アッバース革命」と呼ばれる大きな政治変革をおこなっている。ここで使われる「革命」という語は、ひとつは政治的・宗教的なイスラームの覇権闘争に起因するが、もうひとつは文化的な運動に関係していて、ときに「十二世紀ルネサンス」とも呼ばれる。アッバース朝に先だつウマイヤ朝（六六一～七五〇年）はウマイヤ家の世襲王朝であり、イベリア半島から西北インドにいたる広大な地域を征服したが、アラブ＝ムスリムによる異民族支配という形態をとったため、異民族・異教徒に一定の自治と信教の自由を認めたものの、かわりに苛酷な納税義務を課し、アラブ＝ムスリムと同等の権利を認めようとはしなかった。そこで非アラブ人の改宗者におおくの不満が生まれ、たびたび反乱が生じ、最終的にアッバース家のひきいる革命軍が勝利することになる。このとき確認されたのが、イスラーム国家の最高責任者としてイスラーム法を施行しうる唯一の資格者は預言者ムハンマドの血をひく一族でなければならない、という思想だった。そこからムハンマドの叔父アッバースの子孫であるアッバース家がひそかに各地で地下運動を起こし、ついに武装蜂起してウマイヤ朝を倒したのである。

こうして成立したアッバース朝は、イスラームの原理によって確立した国家となり、ウマイヤ朝がしばしば「アラブ帝国」と呼ばれるのにたいして「イスラーム帝国」と称されてきた。とりわけこの王朝下では、免税などさまざまなアラブ人の特権は奪われ、非アラブ人改宗者が国家の重要な地位におおく登用されるようになった。また同時に、こうした非アラブ人たちは文化面でも盛んに活躍し、たとえばすでに述べたように、ネストリウス派キリスト教徒たちが盛んにギリシア文典を翻訳したりするのも、この王朝下でこそ可能になったことなのである。とりわけペルシア文化を積極的に採用することで、この王朝の文化的な高揚にはめざましいものがあった。ここから文化面でのアッバース革命をイスラーム世界のペルシア化と見る人もいる（伊東俊太郎『十二世紀ルネサンス』岩波書店）。そして、その中心地こそバグダードにほかならない。

アッバース朝のこうした体制を完成させたのは、第二代のカリフであるマンスールであった。そして彼は、この新体制を象徴するような都市の建造を思い立った。そして建造されたのが、先に触れた「平和の都」という円形の都城である。この名称「マディーナ・アッサラーム」は、『コーラン』に見える「天国」（ダール・アッサラーム）の語からとられたというが、一般にはバ

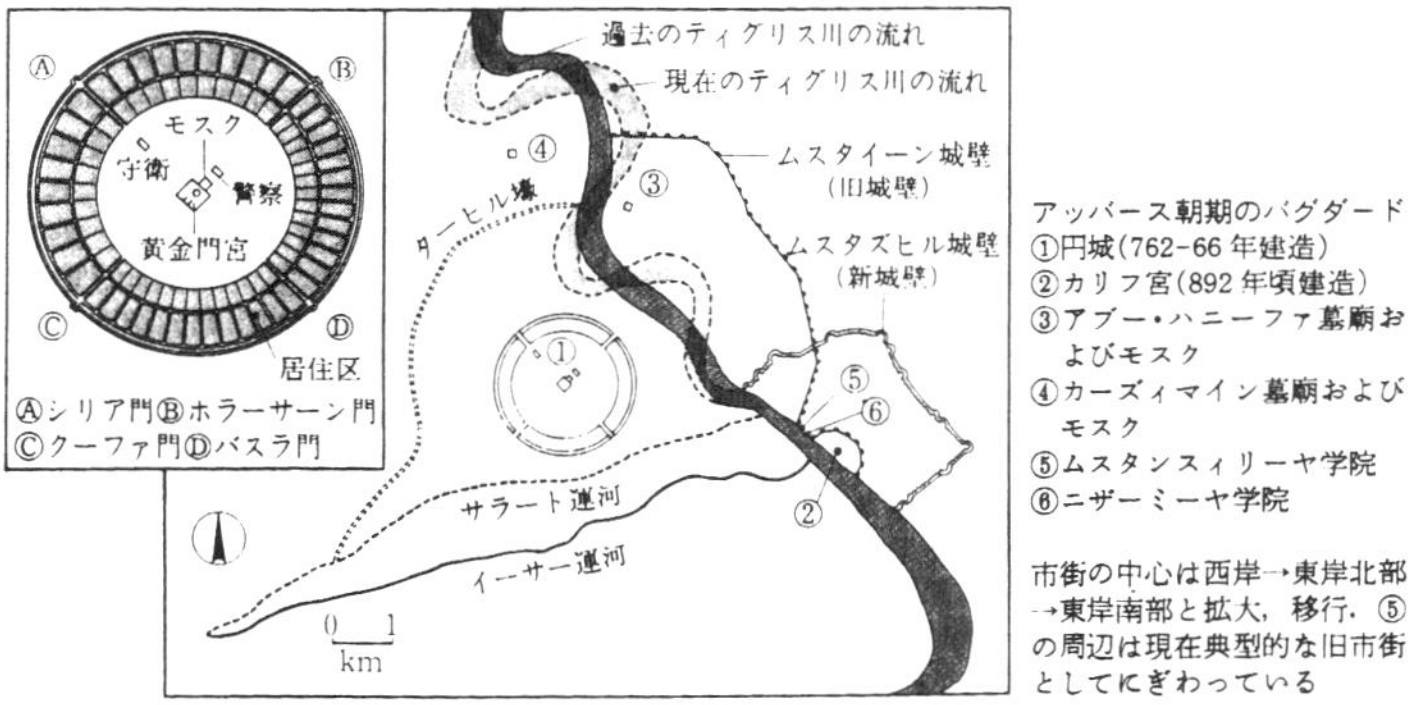

図12　初期バグダード市街図（『岩波イスラーム辞典』より）

グダードと呼ばれつづけた。ティグリス河畔の小さな村落にすぎなかったバグダードに、七六二年から四年間をかけて同心円を描く三重の城壁を建て、その内部にドーナツ状に官僚や軍人の居住区を配置し、中央に黄金門宮とモスクを建造して政治的・宗教的な象徴空間を打ち立てたのである。もともとバグダードは古代から農産物の集散地であり、またササーン朝の首都クテシフォンにも近かった。加えて、この地ではササーン朝時代に建造されたサラート運河とイーサー運河がティグリス、ユーフラテスの両河を結んでいたため、交通の要衝としても重要な場であった。

帝都バグダードは、直径約三・二キロの正円形をした三重の城壁により囲まれた人工的都市であり、外壁の長さは八・三キロにおよんだ。基部の厚さ三五メートル、頂部の厚さ一二メートル、高さ三四・一メートルに日干しレンガを積み上げた一番内側の主壁の中には、巨大な大ドームをもつ金曜モスク、高さ約五〇メートルにおよぶ緑の巨大なドームに覆われたカリフの宮殿（黄金門宮）が建てられた。壮麗な建物群は、巨大システムに君臨するカリフの権威を具体的なかたちで示すものであった。カリフの宮殿の緑色の大ドームの頂上には片手に槍をもった騎士の像が配置されていた。騎士の槍の穂先は、常に反乱が起こった地域の方向を向くようになっているという噂が、まことしやかに帝国の各地に伝えられた。

（宮崎正勝『イスラム・ネットワーク』講談社、選書メチエ）

まさに「円城」というべきである。

この円形の都城には四つの門があり、東西南北の軸を四十五度回したように配置され、中央の黄金門宮から直線道路で結ばれている。それぞれ北西の門は「シリア門」、北東の門は「ホラーサーン門」、南東の門は「バスラ門」、南西の門は「クーファ門」と名づけられている。シリア門からは、ユーフラテス河沿いにシリアからビザンツ帝国にいたる街道が延び、ホラーサーン門からは東方のイラン高原を抜け、中央アジアから中国にまでいたるルートが通じている。バスラ門からは、南方のバスラからペルシア湾、さらにインド洋にいたる海路に通じる道があり、クーファ門からはアラビア半島を縦断してメッカに通ずる巡礼路が拡がっている。すなわち、この四つの門は「世界の十字路」を象徴すると同時に、陸路と海路を活用する国際貿易の結節点として実際に機能していたのである。この都市の完成を見たマンスールは「東にティグリス河、西にユーフラテス河をのぞむこの島こそ世界の十字路である。……まさにこの都市こそ、地上でもっとも殷賑《いんしん》をきわめた都市になるであろう」と述べたというが（宮崎正勝、前掲書）、じつにイスラームの交易路はユーラシアとアフリカ大陸を網の目のようにおおうことになったのである。

人工都市の栄枯盛衰

バグダードは、東西を結ぶキャラバン・ルートと南北の河川ルートの交差点にあり、古代以来の農耕地域の中心に位置していたから、ひとたび首都としての機能が与えられると急速な経済発展をしめし、中央アジアをはじめとする各地からの人々の往来や移住者も増え、市街地は円城の外に爆発的に拡大していった。すでに述べたように九世紀にはいるとバグダードは当時では最大の知的センターともなっていったため、世界各地からおおくの学者が集まり、さまざまな科学や哲学の研究がおこなわれた。後の十一世紀にはいると、バグダードにニザーミーヤ学院が建設され、知識人の養成に努めたが、これがイスラーム世界におけるマドラサ（神学校）教育のはじまりとなった。またアッバース朝時代のバグダードは、絹織物、綿織物、ガラス製品、金属器、刀剣、そして紙の生産地として世界に知られていた。十世紀ごろには人口が一五〇〇万に達し、それ

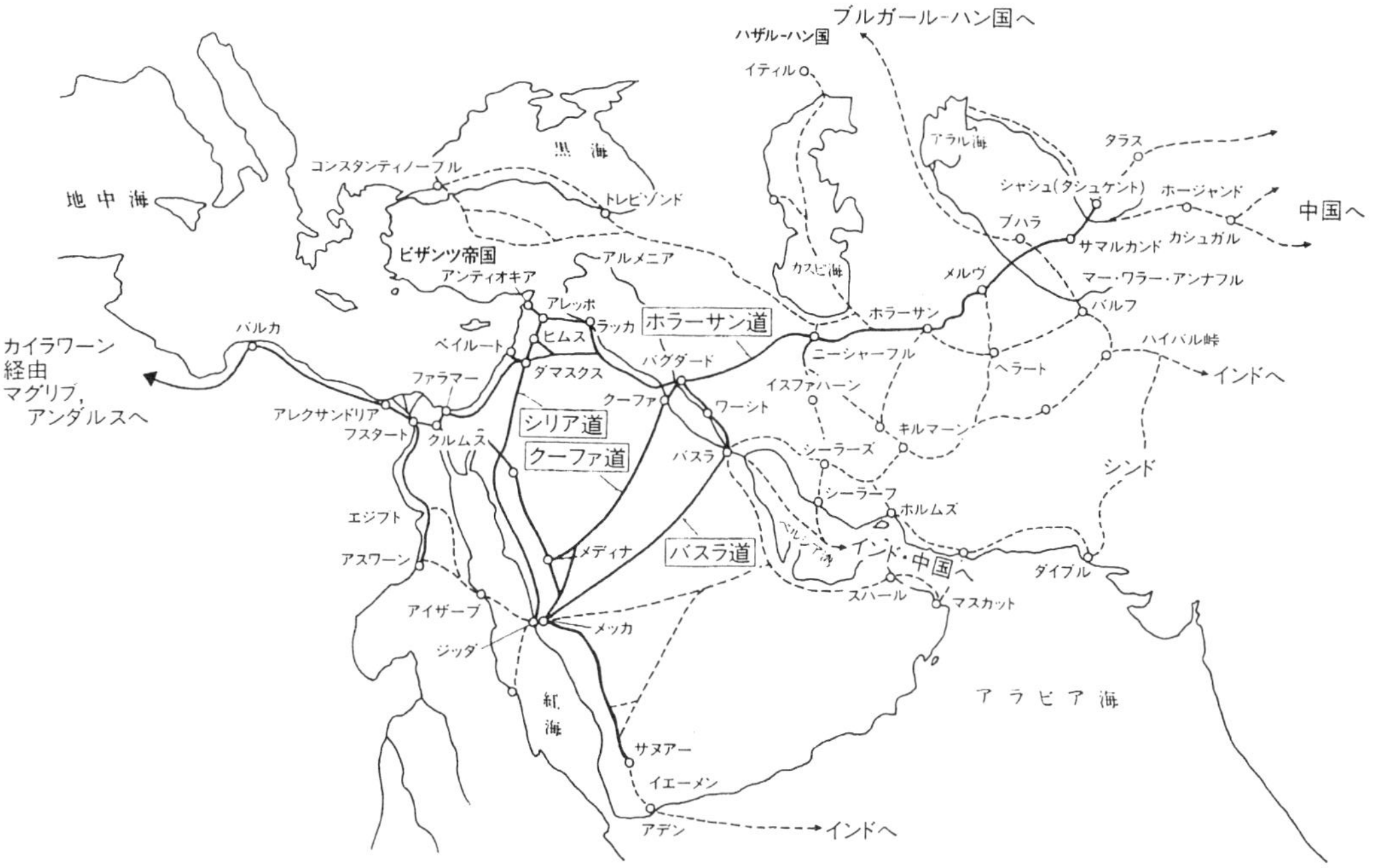

図13　バグダードにはじまる通商地図（宮崎正勝『イスラム・ネットワーク』より）

にともなって公共施設も充実し、九世紀末のバグダードには六万もの浴場があったといわれる。しかし、こうした経済力の集中は社会階層の分化を引き起こし、社会からドロップアウトして任侠の徒（アイヤールーン）となって略奪や放火をおこなう人々や、神秘主義に走って体制に反発するグループも登場した。その背景には、カリフの地位をめぐる暗闘やシーア派にたいする弾圧などがあり、そのため都市下層民や農民・奴隷の暴動・反乱があいつぐ結果となった。この画期的な円城そのものの寿命は意外に短くて、九世紀の初めには円城の主壁が破壊され、また洪水や嵐による被害もあって、一時は首都がバグダード北方のサーマッラーに移された時期もある。十世紀以降、アッバース朝の国力は衰えはじめ、国際交易の中心はファーティマ朝のカイロへと徐々に移行したが、このシーア派の都の経済発展に対抗するように、バグダードはスンニ派の学問都市となることをめざし、じじつ世界の学問の中心は依然としてバグダードにありつづけたのである。

しかし一二五八年、モンゴルの侵入によってカリフが殺害されるという事態となり、以後のバグダードはさまざまな遊牧民族の襲撃を受けて衰退し、ついにオスマン帝国の一地方に甘んじることとなった。十四世紀前半にバグダードを訪れたイブン・バットゥータも「この街の最初に建設された部分は、今や大部分が荒廃に帰している」と述べている。また彼はイブン・ジュバイル『巡礼記』を引用するが、その記録によれば十二世紀末のバグダードは「ただ過去の栄光の名のみを残すだけとなった。加うるに、数々の惨禍が町に降りかかり、不運なる邪視の視線がその上に注がれる以前のあの過去の状態と比べ観るに、今の有様はまるで、かき消えし廃墟の如くに、或いはまた去り行く亡霊の姿にも似たり」（『大旅行記』家島彦一訳、平凡社、東洋文庫、第五巻）。

同じく引用されている九世紀の詩人イブン・アウスの詩の一節をここに引き、この章を閉じよう。

バグダードに、その死告げる使者、すでに控えおり
しかるに、嘆きの涙せよ！　移り行く時の荒廃がために

*スンニ派とシーア派との対立など、イスラームにおける宗派の問題は、歴史的に錯綜していて簡単な解説を許さない。黒田壽郎編『イスラーム辞典』（東京堂出版）、『新イスラーム事典』（平凡社）、『岩波イスラーム辞典』（岩波書店）、その他に宗派の詳しい説明があるので、ご参照いただきたい。

長安を建てる

長安のはじまり

黄河流域における新石器時代の重要な遺跡として、半坡《はんぱ》遺跡がある。いわゆる仰韶《ヤンシャオ》文化の標準遺跡とされるもので、一九五三年に発見された。住居址、貯蔵庫、墓、家畜場などがある。とりわけ赤地に黒で彩色した彩陶が有名であり、人面、魚紋、幾何学紋などがほどこされ、さまざまな祭祀に用いられていたと推測されている。またアワ、カラシナなどの栽培植物や釣り針などの骨格器も多く発掘されていることから、長江流域の諸文化とともに、中原《ちゅうげん》に早くから人々の暮らしが営まれていたことがわかる。こうした遺跡が周囲に三〇あまりあり、つづいてこの地に龍山文化がおこり、唐代にいたるまでの住居址が残っている。

この半坡遺跡から西に六キロほど行くと、ここに西安市がある。いうまでもなく、いにしえの長安である。温暖な気候と豊かな土壌に恵まれたこの地域は、新石器時代はもちろん、初期の国家が胎動をはじめたころも注目されていた。『詩経《しきょう》』「大雅」のなかの「緜《めん》」(三)に

周原膴膴　周原膴膴《ぶぶ》として
堇荼如飴　堇荼《きんと》飴の如し
爰始爰謀　爰《ここ》に始め爰に謀《はか》り
爰契我亀　爰に我が亀《き》を契《けい》す
曰止曰時　曰《いわ》く止《とど》まれ曰く時なれと
築室于茲　室《しつ》を茲《ここ》に築く

と見える。目加田誠の現代語訳によれば「周《しゅう》の平野はよく肥えて／堇《きん》や荼《と》も飴のように甘かった／そこで始めてともに謀《はか》り／亀をきざんで灼《や》いて占えば／ここに止まれここがよしと／そこで家をここに築いた」(『詩経』講談社学術文庫)とあり、周の文王が天命を受けてこの地を開いたと解される。これは司馬遷《しばせん》『史記』の周本紀《ほんぎ》巻四にしたがう理解で、考古学的には位置が確定しないが、いずれにせよ古代国家がこの周辺に城塞を築いていたと想像される。また秦《しん》の時代になると、都はやや北方の咸陽《かんよう》におかれているが、古代国家の中心はつねに黄河最大の支流である渭《い》

水《すい》の周囲にあった。そして長安が都として登場するのは、つづく前漢の時代である。もっとも、すでに長安には秦の離宮があったといわれるので、早くから開発された地であることはまちがいないだろうと思われる。

秦の滅亡後、打ち続く戦いの末ついに覇権を握った漢の高祖（劉邦《りゅうほう》）は、しばらく洛陽に滞在していたが、多くの臣下は新たな都は洛陽にすべきだとの意見を述べた。高祖も名都として知られるこの地を首都とする考えに傾いたが、劉敬《りゅうけい》という人物が反対して関中（長安）にすべきだと説いた。四方に開けた洛陽は徳による政治をおこなうにはふさわしいが、いまは武力の時代である、というのが彼の意見である。多くの臣下がこれに反対したが、張良《ちょうりょう》（留侯）が進み出て、このように上奏したという（『史記』「留侯世家第二十五」小竹文夫他訳、ちくま学芸文庫）。

洛陽は、土地が狭くて方数百里にすぎず、しかも痩《や》せていて、四面より敵を受けます。これは武を用いるに格好な国ではありません。関中の地ともなれば、郩山《こうざん》・函谷関《かんこくかん》を左にし、隴《ろう》山《ざん》、蜀《しょく》の岷山《きょざん》を右にし、沃野千里、南には巴《は》・蜀の豊饒があり、北には胡・大宛《だいえん》の（通商による）利益があり、南北西の三面は天険のへだてがあって自ら守られ、ただ一面をもって東のほう諸侯を制すればよいのです。諸侯が安定しておるときは、河水・渭水によって天下の貨物を運漕し、西のほう京師《けいし》（長安）に供給することができます。諸侯に事変があるときは、流れに従って下れば輸送にことかきません。これいわゆる、金城千里、天府の国であります。劉敬の説が正当であります。

これを聞いて高祖は「即日、車に駕《が》して西行し、関中に都した」という。これが長安を都にした理由とされるが、よくその地の形勢を描いた一文であろう。また班固『漢書《かんじょ》』（小竹武夫訳、ちくま学芸文庫）の高帝紀第一下、七年二月の条には、こう見えている。

二月、長安に至った。簫何《しょうか》が未央宮《びおうきゅう》を造営し、東闕《とうけつ》・北闕《ほっけつ》・前殿・武庫・太倉《たいそう》を立てた。主上はその壮麗なのを見て、はなはだ怒り、何《か》に言った。「天下は匈々《きょうきょう》と騒がしく、戦争に苦しむこと数年、その成功失敗のほども定かでないのに、こうした度を超えた宮室をつくるとはどういうことか」。何、「天下がまだ安定しないからこそ、宮室をつくる必要があるのです。それに天子は四海をもって家となすと申します。壮麗でなくては威を重くすることができません。そのうえ後世の子孫にこれ以上壮麗にできないようにしておくのです」。主上はよろこんだ。櫟陽《れきよう》から移って長安に都した。

紀元前二〇〇年のことである。こうして長安は、その後の長い時代を生きはじめる。

新たなる長安

漢の高祖が長安に都を移した前漢にはじまり、前趙《ぜんちょう》、前秦、後秦、西魏《せいぎ》、北周、隋、唐と、多くの王朝が長安を都とした。しかし北周時代までの長安はより渭水に近い場所にあって、隋の時代になって、今日の一般にいわれる長安城が築かれたのである。前漢が長安に都を建ててから、すでに七八〇年ほどの時がすぎている。その間、たとえば戦国時代の長安を五世紀前半に劉裕《りゅうゆう》が占領したが、建康に都をおいている劉裕にとっては、ここはすでに片田舎にすぎなかった。たびたび北方の騎馬民族に襲われていた長安の人々は、彼にこの地にいるように頼んだが、それを拒んで劉裕は長安を去った。するとたちまち匈奴《きょうど》の赫連《かくれん》勃勃《ぼつぼつ》が長安に攻めこみ、この地で皇帝を宣言して国号を夏《か》と呼んだのだ。いわゆる五胡十六国のひとつだが、四一六年のことで、このとき長安は荒れ野原になったという。このように長安は、かな

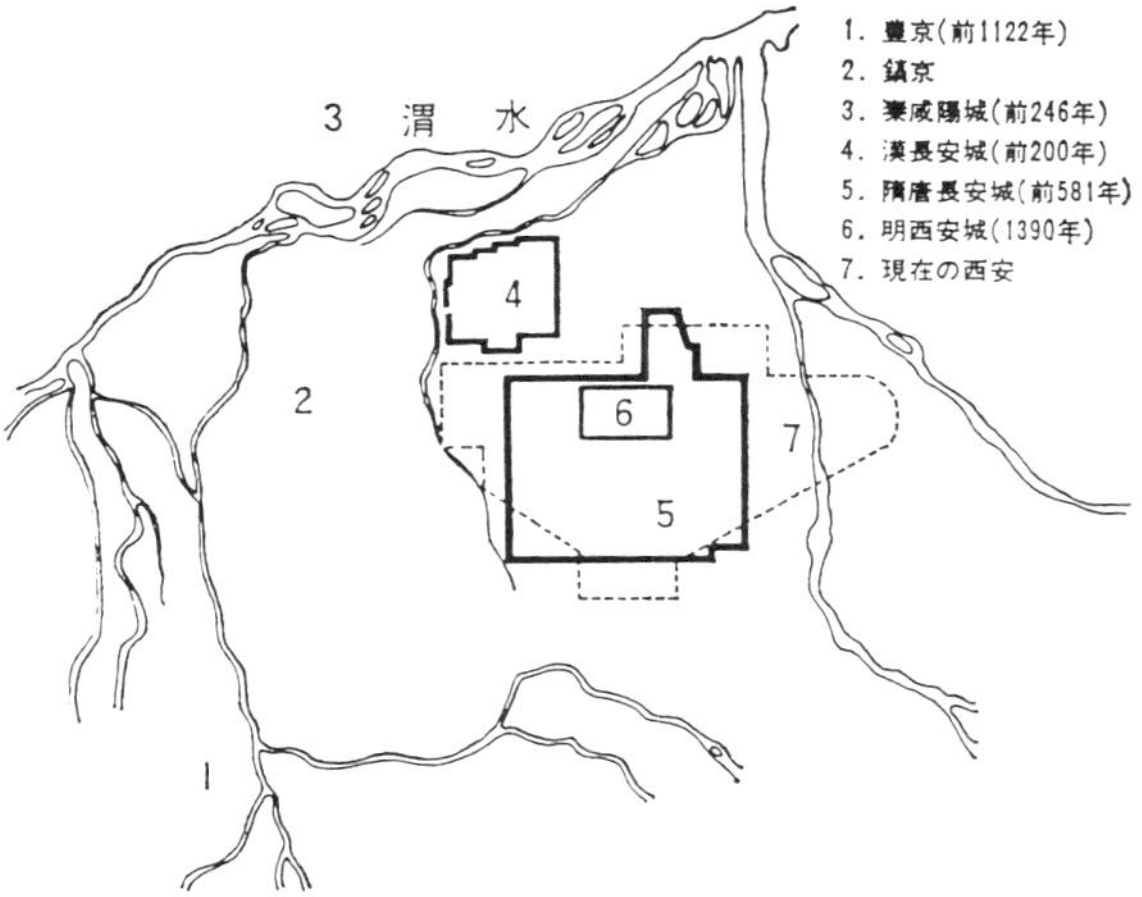

図14　長安城の歴史的変遷図（『中国古代建築簡史』より）

らずしも平安な日々をすごしていたわけではなく、多くの古代都市と同様に、たびたびの戦乱に見まわれていた。『隋書』などの記載によれば、こうした戦火によって都城は傷みが激しく、狭くもなってきたため、新たな都城を造営すべきと考えられたようだ。また城内に妖怪変異が多いとか、あるいは水に塩分が多いため体に悪いという意見もあったらしい。そして、もちろん政治・軍事上の理由もあったことだろう。隋の文帝が新都造営を宣するのは、即位の翌年、五八二年のことである。

こうして造営された新しい都城は、隋代においては大興城と呼ばれていた。わずか三〇年弱しか王朝を保てなかった隋が、この都をすべて完成させたとは考えにくいところもあるが、しかし隋がそれまでにないスケールで都の築城を開始したことは確かである。たとえば室永芳三『大都長安』(教育社、歴史新書)は、田中淡「隋朝建築家の設計と考証」という論文を引きつつ、隋代は画期的な土木の時代であり、すぐれた建築家集団が形成されていたと述べている。なかでも宇《う》文愷《ぶんがい》という建築家を中心に、当代のすぐれた画家などを結集したデザイナー・グループがあったという指摘は興味ぶかい。宇文愷(五五五~六一二年)は、大興城とともに洛陽城の設計者でもあり、ときに唐両京城とも呼ばれる隋唐時代を代表する二大都市を構築するほどの大プランナーであった。この人物は北朝胡族の出身であり、鮮卑《せんぴ》族に連なる西域の人である。武人を輩出した家系のなか、ひとり学を好んだ宇文愷は多彩な成果を残している。さまざまな土木設計はもちろん、水時計を創案したり、面白いところでは数百人を収容して輪軸で回転する建築「観風行殿」があり、いわば回転パノラマ式のラウンジである。このような人物が設計する都城なのだから、その構想は単純ではない。

今日の基礎測量からすると、長安城は、その背後に拡がる広大な禁苑《きんえん》（皇帝の狩猟地・勧遊地）をのぞいて、東西九七二一メートル、南北八六五一・七メートルにおよぶ方形をなし、その四辺は正確に東西南北に面している。漢代の長安城はおよそ六キロ四方の不整形だったから、相当におもむきが変わっている。城内は碁盤の目のようなグリッド・プランをなし、皇帝らが執務をおこなう宮城、官庁街にあたる皇城、官僚や一般人の居住する外郭城、そして禁苑という四つの部分を構成している。外郭城は坊と呼ばれる一一〇の居住区画に細分され、この区域からの出入りは制限されていた。もっともそれぞれの坊はかなり広く、小さい坊でも六〇〇メートル四方に近く、大きな坊では一キロ四方にもおよぶものもあり、五千戸から八千戸の家が収めえたという。

北辺の中央に位置する宮城は、皇帝の執務する太極宮（隋代には大興宮という）が中央に、皇太子の東宮と皇后の掖庭宮《えきていきゅう》が東西に配されて構成される。その南方にほぼ同規模の皇城があるが、太極宮の中央に開く承天門から南北に道が走り、皇城を二分して朱雀門《すざく》を抜け、そこから長安城をつらぬく朱雀門大街が伸び、長安城を出る明徳門までつづく。この軸線（道幅は一五〇メートルもある）を中心にしてほぼ東西対称の空間が拡がり、宮殿、官庁、社寺や市場が配置されている。宮城の背後のやや東北にあたる部分には大明宮が突き出しているが、ここも皇帝の居城であって、宮城の西内《せいだい》にたいして東内《とうだい》と呼ばれた。おおまかに長安城の構成を記述してみたが、この光景を白居易《はくきょい》は、こう詠った（「観音台に登り城を望む」）。

百千家似囲碁局　　百千家　囲碁《いき》の局に似たり
十二街如種菜畦　　十二街　種菜の畦《あぜ》の如し
遥認微微入朝火　　遥かに微微《びび》として入朝の火を認む
一条星宿五門西　　一条の星宿　五門の西

碁盤の目のように居並ぶ民家、まっすぐなあぜ道のような街並み、早朝に朝廷へ向かう群臣のもつ灯りが、一筋の星のように宮城の西の五門にまで連なっている。この新たな都市を、人々は驚嘆をもって眺めたことだろう。

宇宙軸としての長安

さて中国には「天は円、地は方」（『淮南子《えなんじ》』）という宇宙観が古代からあった。また南北の軸線は太陽の運行にそうものであり、そこから方位を定めるため、天の中心、天帝の座す場である

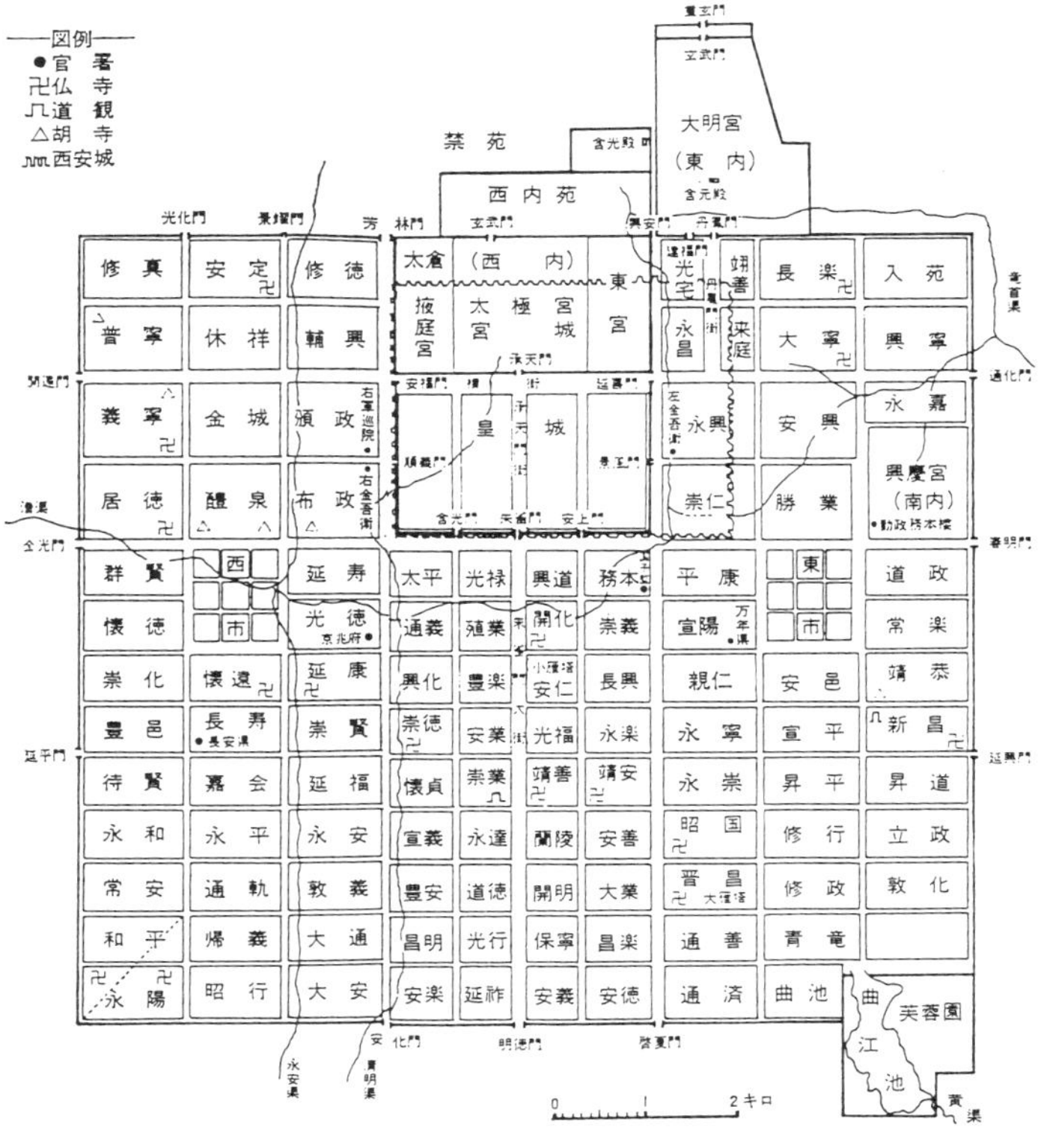

図15　長安城図（室永芳三『大都長安』より）

北極星を基点とする。ここに万物の根源があり、太極と呼ばれた。そして四方位を守る象徴動物の四神がおり、東は青龍、西は白虎、南は朱雀、北は玄武であらわされる。また五行思想にしたがえば、四方位にそなわる元素・色・季節は、それぞれ、東が木・青・春、西が金・白・秋、南が火・赤・夏、北が水・黒・冬に対応するとされる。太極宮と皇城の空間には、北に玄武門、南に朱雀門があり、朱雀門から東西にのびる大路は、東の端で春明門に、西の端で金光門につながっている。つまり長安城はその全体が、太極を中核として四方位を踏まえた陰陽思想による立体マンダラを体現しているのである。先の『大都長安』にしたがって北宋の宋敏求『長安志』を引くなら

はじめ宇文愷が都城を創置したとき、城内には朱雀街が南から北に走り、それを東西に横切るように六つの丘があった。その形は、易の乾《けん》の卦《か》〔☰〕のようであった。そこで『易経《えききょう》』にいうように、九二にあたる丘には宮城を置き、帝王の居所とした。九三の丘には皇城を立てて、卦の君子の数に対応させた。九五の丘は、貴い位であったので、一般の民居にすることを避けて、玄都観（道教寺院）と大興善寺を設置した。

という具合である。また、きわめてユーラシア的な拡がりで長安という都市の宇宙観を探査する

妹尾《せお》達彦『長安の都市計画』（講談社、選書メチエ）は、『周礼《しゅらい》』にはじまる理想都市プランとの合致ばかりではなく、『華厳経《けごんきょう》』に見られる仏教的な宇宙観の反映さえ見ている。いわば長安は、多層的な宇宙観が重層化した皇帝の儀礼空間であったともいうのだ。やがて長安を基点として拡大する唐の文化は、より多様な異国文化を吸収することになるだろう。

宇宙都市、長安

長安の春

石田幹之助の名著『長安の春』(講談社学術文庫)は、韋荘《いそう》「長安の春」を引用することにはじまる(原詩は筆者が追加)。

長安二月多香塵
六街車馬声轔轔
家家楼上如花人
千枝万枝紅艶新
簾間笑語自相問

長安二月　香塵《こうじん》多し、
六街《りくがい》の車馬　声轔々《りんりん》。
家々《かか》楼上《ろうじょう》　花の如き人、
千枝万枝《せんしばんし》　紅艶《こうえん》新たなり。
簾間《れんかん》の笑語《しょうご》　自《みずか》ら相問《あいと》う、

何人占得長安春　「何人《なんぴと》ぞ占《し》め得たる長安の春」と。
長安春色本無主　長安の春色《しゅんしょく》　もと主《あるじ》無し、
古来尽属紅楼女　古来　尽《ことごと》く属す　紅楼《こうろう》の女。
如今無奈杏園人　如今《ただいま》　奈何《いかん》ともするなし　杏園《きょうえん》の人、
駿馬軽車擁将去　駿馬《しゅんめ》軽車　擁《よう》し将《も》ちて去る。

韋荘（八三六〜九一〇）の生きた時代の長安は、その名のとおり「永遠の都」（長《とこし》えに安らかなり）を謳歌していたが、それはまた、唐が安禄山《あんろくざん》の乱にはじまり黄巣《こうそう》の乱にいたる激動を経験する時代でもあった。じじつ韋荘も混乱の長安から身を離しており、九〇七年に唐が崩壊するのをはるか南方からつぶさに見ていたのである。やがて彼は荒廃した長安を見て、こう詠ずることになった（「秦婦吟《しんぷぎん》」）。

長安寂寂今何有　長安寂々《せきせき》として　今何《なに》か有る
廃市荒街麦苗秀　廃市荒街　麦苗《ばくびょう》秀《ひい》ず
採樵研尽杏園花　樵《しょう》を採《と》りて研《き》り尽《つく》す　杏園の花
修寨誅残御溝柳　寨《さい》を修《おさ》めて誅《ちゅう》し残《ざん》す　御溝《ごこう》の柳

荒れはてたかつての大都に雑草がおい繁っている。先の「長安の春」との落差が大きいが、これは世界都市たる長安の逃れられない運命でもあったろう。

ところで石田幹之助は、さまざまなかたちで長安に流れこんだ西域文化に注目している。「隋唐時代におけるイラン文化のシナ流入」という一文には、宗教、芸術、衣食住に関する多様な文化の移植が述べられており、たとえばこの時代の音楽は「まったく西域楽をもって風靡《ふうび》されたかの観がある」とまで書いている。すなわち宮廷で盛んにおこなわれていた楽曲に、康国楽《こうこく》・安国楽《あんこく》・亀茲楽《きゅうじ》・高昌楽《こうしょう》・疏勒楽《そろく》などの名が残っているが、これらはそれぞれサマルカンド、ボハラ、クチャ、トルファン、カシュガルなどから伝来したイラン風の音楽をさしているという。そしてだれもがこの西域の楽曲を習いたがり、イラン風の舞を舞うことを好んだとある。こうした風潮は女性のファッションにも影響を残し、全身をおおうようなスカーフや、眉に藍で墨を入れることが流行《はや》った。白居易《はくきょい》の詩「時世妝《じせいしょう》」にも黒い紅をさす女性の姿が描かれている。また女性が男装をしたり露出的な服装を好む傾向もあったという（高世瑜《こうせいゆ》『大唐帝国の女性たち』小林一美・任明訳、岩波書店）。春めく長安の都で、笑いさざめきながら西域の音楽やファッションに身をゆだねている女性たちの姿は、この都が世界的なネットワークのもたらす果実を確実に受けとめていたことを教えてくれる。

また石田は、三度にわたって「胡人採宝譚」に触れている。つまり西域人が中国人から不思議な珠《たま》や剣を大金で買い求め、その価値や意味を語るというもの。たとえば、老いた漁夫が息子と漁に出たが、同じ亀ばかりがかかるので、はじめは棄てていたが、あまり何度もかかるので飼うことにした。すると一人の回回《ホイホイ》（イスラーム教徒）がやってきて、それを三千両で売ってくれという。不思議に思った漁夫は、あした売るといって亀を隠し、翌日やってきた回回に亀は逃げてしまったと嘘をつき、あの亀はなんだったのかと問うと、じつはあの亀に塩を食わせると真珠の糞をするのだ、と答えた。回回が立ち去ってからさっそく試すと、まさに亀は真珠の糞をし、それで漁夫は大きな財を築くことができた。とまあ、このような類の話であるが、こうした説話は日本にも伝わっていて、『今昔物語』などに類話が見える。こうした説話のあらわれは、西域から来訪したさまざまな異人との出会いが生みだしたものだろうし、じっさいに異国情緒あふれる物産が想像力を強く刺激したにちがいない。すでに触れたとおり、長安にはネストリウス派キリスト教（景教）、マニ教、ゾロアスター教（祆教《けんきょう》）、イスラームの施設があり、また多くの外国人街があったから、その触れあいのなかで中国の文化はきわめて豊饒な要素を味わうことができた。長安の春は、やがて冬の寒さにさらされることになるのだが、それでも長安があってこそ西と東は通底することができたのである。

長安という世界観

すでに触れたように、長安は一種の宇宙軸として構成されていた。あらためて妹尾《せお》達彦『長安の都市計画』（講談社、選書メチエ）によるなら、長安という都市は(1)蓋天説《がいてんせつ》＝宇宙の構造を、天は円く地は方形で上下に天と地が位置し、北極に中心をもつとする考え、(2)渾天説《こんてんせつ》＝宇宙を球形すなわち天球座標として把握し、黄道や赤道を設定して、天の運行をより合理的に説明する考えにもとづいて設計されているという。つまり南北と東西の軸線が交差する中心に王都の太極殿があり、そこから真上に宇宙軸が伸びて北極星に達する、というわけである（図16を参照）。長安が「天空の秩序を地上に投影させる宇宙の都」として計画され、ここで天命を受けた天子が王朝儀礼の中核に位置し、壮大な政治力を象徴化していたのである。すなわち

天→天子→皇帝→官僚→庶民とつながる天地を貫く宇宙の秩序は、宮城→皇城→外郭城という長安の建築景観として具体的に表現され、王朝儀礼が秩序を劇化した。

このような都市イメージのなかに儀礼と政治の整合性を表現することで、長安はそれ自体で緊密なミクロコスモスを構成し、世界の中心を宣言することもできたのだ。

妹尾は長安の壮大なイメージを描くにあたって、長安をユーラシア大陸東部の都と位置づけ、

それにたいして西部にコンスタンティノポリス（イスタンブール）を、中央部にバグダードを置いており、本書とは偶然にも一致しているが、それは納得がゆくことだ。八世紀から九世紀にかけて成立した王都であること、キリスト教圏、イスラーム圏、仏教圏という宗教区分の中核であったこと、国際的な政治経済ネットワークの重要な基点となったことなど、その共通点は多い。

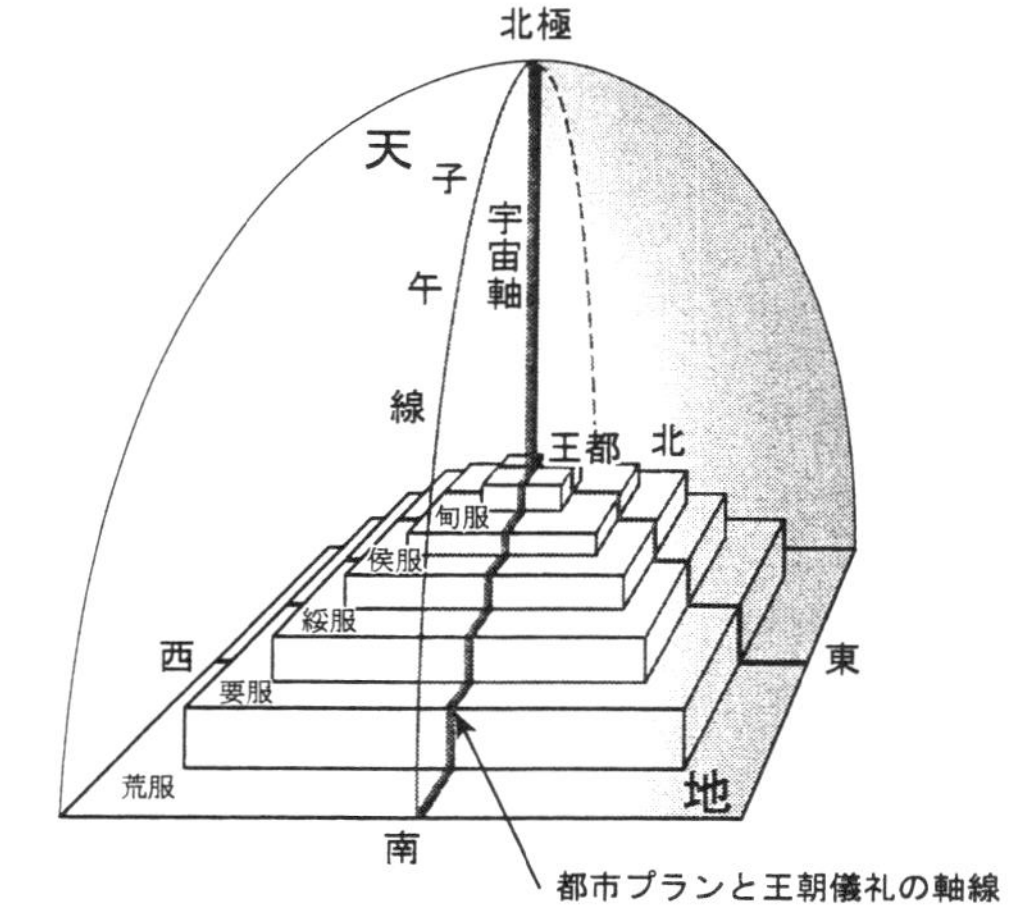
王都（隋唐長安城）
※王都を核とする地上空間の分割には、王都からの文化距離に応じて5つに分割する考えと9つに分割する考えがある（本図は5分割する方法を描く）。天子の身体からの距離の大小が,文化の高低そのものを示すと観念された。

図16　宇宙の都（妹尾達彦『長安の都市計画』より）

だからこそ長安は春を謳歌することもできたのだし、多彩な文化の交差点ともなりえたのだ。

日本の藤原京の成立は持統八年（六九四年）であり、また藤原京をちょうど二倍に拡張する形式をもつ平城京も和銅三年（七一〇年）の成立であるから、直接に長安城をモデルにするものではないにしても（北魏《ほくぎ》時代の洛陽がモデルとされている）、その条坊制の採用などから見て、大いに参考としていることは確かだろう。李氏《りし》朝鮮の王朝がソウル（漢城）を王都に定めたのは、ずっと後の一三九四年のことだが、このときも風水によって地勢を調査したうえで王城を建てている。いまくわしく語る余裕がないけれども、いずれも中国の都市計画が強く反映しているものと思われる。さまざまな宗教を呑みこみ、重層的な世界観を体現する長安は、東アジアの都市の結晶である。

後の清《しん》代に徐松《じょしょう》が『唐両京城坊攷《こう》』をあらわすが（愛宕元《おたぎはじめ》訳、平凡社、東洋文庫）、この書は唐代のふたつの都（長安と洛陽）の詳細な考証誌なのである。延々と各所の建物や道路名などを列挙する著作だが、ひとつの坊の記述を見ると、さまざまな寺や役人の邸宅と並んで「胡人米亮の宅、貸家などがある」とある。これは西域の米国（マイムルグ）出身の商人の家をしめすようで、注によれば「西市で金玉等の保管業と金融業を営む富裕な胡商」なのだという。サマルカンド近くからやってきた商人が住みつく街。どんな息づかいが聞こえるか。

長安の裏面

さて、九世紀ころに成立した孫棨《そんけい》『北里志』という一書がある（斎藤茂訳、平凡社、東洋文庫）。北里とは、長安城の皇城とはす向かいに接する平康里の東北部にあたり、おおくの妓館《ぎかん》の集まる一画として知られていた。つまりこの一書は筆者の知る娼妓《しょうぎ》の記録である。この街には、中国の各地からやってきた若者が群れ集っていたが、大多数は官吏への出世をめざしている裕福な家庭の子弟であった。一方の娼妓たちは多くの芸事を学び、詩を吟じ、舞を舞って宴を盛りあげたが、この女性たちは売られてきた身であり、年老いて客が取れなくなれば、路傍にのたれ死にするしかない身であった。あらゆる都市につきもののことではあるが、やりきれなくもある。

さらに宮中に住んで宮廷に奉仕する女芸人、宮妓という存在があり、宮廷専用の芸妓を養成する場もあった。「玄宗《げんそう》の時代から長安と洛陽の宮殿にほど近い街区に、左右二つの芸妓養成のための外教坊が設けられた。ここでも多数の芸妓が養成されたが、この芸妓は宮廷の専用にあてられ、宦官《かんがん》によって管理された」（『大唐帝国の女性たち』）。彼女たちは宮中には住まず、必要な時に呼び出され宮中の御用に供された。また官庁に登録されている官妓という女性たちもあり、地方と都とでは立場も違うようで、そのシステムは複雑である。ともかく長安の妓女の大半は、歌や踊りといった技芸にそれほど熟達していなかったので、往々にしてさかんに客にふざけたりへつらったりした。普段は客席に侍《はべ》り、話のあいづちをうったり、また客と寝て売春するのが主で、芸は補助的なものであった。こうした点が、地方の楽営妓女と違うところであり、また後世の娼妓と似ているところであった。（同書）

こうしたところも、また大都市ゆえの裏面だろうか。バグダードにも主にユダヤ人女性の経営する娼館や酒場が多数あったと聞く。人の性《さが》ばかりは古今東西に共通する。

あるいは八四三年の長安で、政府による大がかりな不良少年狩りがおこなわれたとの記録がある。当時の様子を大室幹雄『パノラマの帝国』（三省堂）に見てみよう。

当時、長安市中では東と西の官設市場を中心に、家業を事としない、のらくら暮しの若者たちが跋扈《ばっこ》して、猪《ぶた》や狗《いぬ》を屠殺《とさつ》し、酒に酗《くる》っては喧嘩を始め、蛇をぶらさげて酒家に入ったり、羊の髀肉《もも》で通行人を殴打して騒動を起こしたり、樗蒲《ちょぼ》ばくちを開帳して市民の金をまきあげたり、坊間《まちまち》にゆすり、たかり、かっぱらいが横行して、盛り場と裏露地を問わず市内の治安はひどく混乱していた。たまに思いたって京兆府当局が一人二人の無頼漢を追求すると、連中は首都駐屯の軍営に逃げ込んでしまう。軍隊はそれ自体でならず者やあぶれ者の巨大な集団であり、規律は乱れ、風気は荒く、威権をかさにただでさえ横暴を極めていたから、連中にとっては家庭も同然、そこへ逃げ匿《かく》れて兵士とつるんで反抗すれば、当局は足も手も出せなかったのである。

これまた大都市にはつきものの世界であって、長安といえども例外ではない。安禄山は、ソグド人の父と突厥《とっけつ》人の母のあいだに生まれた人物で、七五五年に挙兵して翌年には長安を占領したが、数年でこの乱は終結する。しかし乱の傷痕は深く、徐々にこの世界都市をむしばんでいったのである。晩唐のならず者たちも、その余韻だった。

一方で経済が集中する長安には莫大な数の人口が農村から流入しており、巨大な流亡の民「破《は》落戸《らくこ》」を抱えこむことになった。その数二〇万ともいわれる。やがて家を勝手に占拠するふるまいが生じ、また路上にも不法な小屋があふれ、もはや取り締まることもできなくなった。これを人々は「侵街《しんがい》」と呼んだ。長安の夕暮れが迫っている。やがて黄巣の乱によって唐が滅ぶと、長安は徹底的に破壊されて建材は運び去られ、廃墟には、ただ大雁塔《がんとう》と小雁塔が残るのみであったという。『資治通鑑《しじつがん》』にはこうある。「長安、これより遂《つい》に丘墟《きゅうきょ》となれり」。

*この項を書いたのち、佐藤武敏『長安』が講談社学術文庫で復刊された。あわせて参照されたい。

人影のない都市へ

インド亜大陸

イギリスの哲学者フランシス・ベーコンは、大西洋をはさんだ大陸の輪郭、つまり南北アメリカの東部とヨーロッパ西部およびアフリカの西部の海岸線がよく似ていると指摘した（『新機関』一六二〇年）。たしかにジグソーパズルのようにこれらの大陸を互いに引き寄せてみると、カリブ海にアフリカ西部がはまりこむかたちで、かなりぴたりとはまりあう。このことは、それ以前から気づかれていたが、長くこれは「旧約聖書」に記された大洪水の結果であると考えられていた。やがて二十世紀初頭になり、ドイツのアルフレッド・ロター・ヴェゲナーにより、ユーラシア・南北アメリカ・アフリカ・インド・オーストラリア・南極などの諸大陸が地表を移動したと仮定する説、いわゆる大陸移動説が主張された（『大陸と海洋の起源』一九一五年）。これらの大陸は、はじめひとつの巨大な超大陸（パンゲア大陸）をなしており、これが約二億年前に分裂して現在のような地形になったというのである。ヴェゲナーはこの仮説を、各大陸間の植物や動物の分布、氷河層や珊瑚礁の分布などの対比によって実証的に説明したが、やがてこの説は多くの科学者によって補強され、今日のプレートテクトニクス論として展開されている。

さて、ここに大陸名としてインドがあげられていることに注目されたい。パンゲア大陸が分裂すると、切り離されたさまざまな大陸がユーラシアに引きよせられるように集まり、アフリカと南極のあいだにはさまれていたおむすび型の大陸が、大きく流れてユーラシア大陸に激突することになる。この衝撃によって、インドがユーラシアと接する三方には海底から地層を盛りあげるようにして巨大な山系が隆起し、西はスレイマーン山脈、東はアラカン山脈、そして北にはカラコルム、ヒマラヤ両山脈がそびえることになるのだ。こうしてデカン高原を中心にするインドは、インダス河とガンジス河流域に拡がる平野部を両翼にもち、また大きくインド洋に突きだす半島部には広大な海岸平野を有している。このように、地形的にきわめて独立性をもつことになったインドは、もちろんアジア大陸の一部ではあるものの、とくに亜大陸（sub-continent）と呼ばれる。これを今日の国家区分でいえば、インド、パキスタン、バングラデシュ、ネパール、ブータンにあたり、スリランカ、モルジブを加えて南アジアと総称する場合もあるが、いずれにしてもこの空間は、人間の登場するはるか以前から特異な場として大地を拡げていたのである。

アジアの古代文明

古代の四大文明といえば、エジプト、メソポタミア、インダス、中国の各文明ということになっている。成立期に多少のちがいはあるが、前三千年紀に前後して登場したこれらの文明には、それぞれに特徴がある。

エジプトという名称は、古都メンフィスの別名であるフウト・カ・プタハがギリシア語でアイギュプトスと呼ばれ、それが現代にかたちを残していることから来る。現代アラビア語では、エジプトの自称はミスル。中石器時代の北アフリカは豊かな森林におおわれ、湿潤な野生動物の宝庫であったが、やがて地軸の移動などの条件が重なって大地の砂漠化が進み、前六千年紀には各地に散在していた人々がナイル河のデルタ地帯に集中することになり、巨大文明の登場をうながしたものと思われる。原始農耕文明期から最初期の王朝が生まれるのが前三千年紀ころであり、ペルシア帝国に征服される前五二五年までに二十七の王朝を数える。その詳細はともかく、紀元前三一〇〇年ころの文字資料がすでに確認され、政治・経済・宗教などの制度化がきわめて早い段階に完成されていることに特徴がある。いわばエジプトの古代文明は、古代に一挙にできあがると、そのまま三千年をすごすことになる。

それにたいしてメソポタミアでは、前一万年ころから初期の農耕・牧畜文明の痕跡が見られ、シュメール地方では前四千年紀中葉にはすでに都市文明が登場している。その意味では人類最古の文明であり、規模も壮大なものだった。前二五〇〇年ころ、この地域にはシュメールの都市国家たるウル王朝があったが、ここにセム系のアッカド、バビロンをはじめとする数々の文明があらわれ、やがてインド＝ヨーロッパ系に属するカッシート、ミタンニ、また小アジアに拠点をもつヒッタイトといった勢力が参入することで、ティグリス・ユーフラテスの両河地域は激しい攻防の舞台となった。およそ前二五〇〇年から千年以上もこの王朝交替がつづき、前一三〇〇年ころアッシリア帝国が勢力を伸ばし、はじめてメソポタミア地方からパレスティナ南部にいたる統一がなされるのは前八世紀ころ。これが新バビロニア帝国の統治をへて、ようやくアケメネス朝ペルシアがエジプトを含むメソポタミア全土を掌握するのが前五二五年というわけである。イラン高原に勢力を伸ばしたアーリア系ペルシア人は、キュロス二世の時に新バビロニアを破り（前五三九年）、西アジアから地中海世界にいたる広大な帝国として立ちあがった。エジプトが新王朝時代の一時期をのぞいて版図の拡大をおこなわず、安定した（ということは停滞した）空間と制度に居座っていたのにたいして、メソポタミアはたえまなく流動的でありつづけ、さまざまな王朝と民族が栄枯盛衰をくりひろげる二千年を経験したのであった。

いまここで中国の古代文明について論ずることはしないが、おなじ尺度から見れば、アッカド王国が消え去り、ウルの第三王朝が登場する前二千年紀ころに龍山文化の萌芽が見られ、カッシート、ミタンニ、アッシリア、ヒッタイト、そしてエジプトの新王朝とが盛んに覇権を争っていた前一五〇〇年ころ（ここにフェニキアの存在やヘブライ王国の登場を重ねてもいい）、中国に殷《いん》（商）があらわれていることは確認しておきたい。

文明と文化

エジプトとメソポタミアにおける文明登場の早さは驚嘆すべきものだが、それは同時に大河川の周囲に人口の集中を生みださざるをえなかった風土の苛酷さを見るべきなのかもしれない。人口の集中が都市を生み、都市という装置が分業と社会階層の分化を生みだしたのだとすれば、その一方に巨大文明を必要としなかった社会、漠然たる経験則のなかで十分に生きつづける小さな社会のあったことも忘れてはならない。それを書かれた「歴史」のなかに確認することはむずかしいが（だからこそヘロドトスがいつまでも重要なのである）、文明（civilization）という語がもともと人口の密集にはじまる語であるとすれば、さまざまな民族・言語・風習そして文化を超えて人々がるつぼのなかに飛び込まざるをえなかった状況を見るべきなのかもしれない。ラテン語の「市民」（*civis*）や「都市」（*civitas*）を語源とする「文明」なる語は、集合しなくては生きてゆけない人々のつくりなした特殊な形態であり、それがさらに繁栄を求めて肥大化していったものだろうか。

ともかく初期文明のほとんどはアジアで実験された。単一の文明形態を長く保ちながら、やがて崩れ落ちるとほとんど痕跡を残さなかったもの（エジプト）、多様な国家を生みだし、民族と文化の混交をくりかえしながら、権力の伸縮を経験しつづけていったもの（メソポタミア）、支配民族の入れ替わりを数々経験しながら伝統的な文化を保持しつづけ、それを今日にまで保っているもの（中国）など、多様な文明の形態が古代アジアに見える。文明なるものは、いかんせん寿命をもっている。それにたいして文化は、文明の質量にたいして運動エネルギーとして機能するのであって、固有の時空間のなかではぐくまれた動き出そうとする意志の総体なのである。もちろんこれは個人的な文化のイメージにすぎないが、もとは栽培を意味するラテン語の *cultura* から派生した文化（culture）は、教養もしくは社会に固有の生活様式を意味としてもつことになり、やがてはその社会を根本的に発動させる世界観の構造性そのものとして理解されるにいたっている。文化そのものに優劣は存在しえず、ただ文化間の差異の体系の確認と交換がくりかえしおこなわれ、そして変貌しつづけながら多様多数化してゆく。その意味では、文化は政治経済に還元することができない。実体的な政治経済、社会、もしくは文明なるものにとって、文化はつねに揺れ動く変換子《シフター》なのである。

もちろん文化の定義はそんなに簡単なものであるはずもなく、ここで議論をつづけることをしないが、あらためて古代文明のはじまりを眺めわたしてみると、それがきわめて地形と風土に左右されうるものであることがわかる。人間のいるところすべてになんらかの文化が存在していたはずだが、それは文明を求める要素とは別物であり、文明と呼びうる状況はかならずしも人間集団の定住と直結してはいない。ここで都市という現象をとりあげてきたのは、いわば文明という固有名の記載の可能な世界を射程にしてきたのであって、むしろ文化には指標として以上に固有名は存在しない。ある文明の備忘録として忘れ去られた固有名の集積が立ちあがりうるとすれば、ある文化の備忘録たりうるのは、名前を欠いたモノとデキゴトの総目録であろう。抽象的な話に終始しているが、アジアなるものを考えるときに、見すごせない問いであるとは思う。

インダス文明

かなり遠回りをしてきたけれど、ここで書いておきたいと思ったのはインダス文明のことである。他の三大文明には文字資料（聖刻文字《ヒエログリフ》、楔形文字《くさびがた》、漢字）によるデータが相当数残されており、また周辺文明との接触（友好関係であろうとも戦争であろうとも）の記録もあるから、いささかなりとも立体的に文明間におこなわれた交渉を見て取ることができる。それにたいして、インダス文明については文字が未解読でもあり、メソポタミア地域と海上貿易をしていたことから若干の海外資料があるものの、国家間の本格的な交易ではなく個別的な中継貿易だったようで、基本的に文字資料はほとんどない。

インダス文明は、インダス河流域を中心に栄えたインド最初の古代文明であり、前二三〇〇年から前二〇〇〇年ころが最盛期であったと考えられている。ということは、ちょうどメソポタミアにアッカドが栄えていた当時にあたるわけだが、その性格は相当にちがう。一九二〇年に発掘がはじまって以来、ハラッパー、モヘンジョ＝ダロを中心に多くの遺構が確認されているが、その多くは村落の遺跡であり、都市は少なく、最大の都市であるモヘンジョ＝ダロにしても一キロ四方に収まる規模である。基本的に、限られた地方都市とその都市経済を支える多くの村落が周囲に分布するという形態をとっており、遺跡の範囲は広大なものの、さほどの規模ではない。とはいえ、その都市計画は特筆すべきもので、いずれも南北に長い長方形か平行四辺形の城壁をもち、その東側に市街地、西側に城塞を置くという形式を踏襲している。街路は整然とした直線からなる碁盤状をなし、道路の幅は一・八メートルの倍数に限定されている。住居には二階建ても多く、モヘンジョ＝ダロでは家屋の一室に井戸を設け、床から大通りの排水溝へと水を流せるように配慮されている。また都市の建造に使われた焼き煉瓦《れんが》も規格が統一されていて、縦横厚の比は正確に四対二対一である。その他、沐浴《もくよく》用のプールや墓所などにも一定の規格が見え、きわめて合理的な都市計画をもっていたことがわかるのである。

そしてなにより特徴的な点は、これらの都市が王宮ないし王墓を欠いているということである。おそらく、この文明の基盤は夏季のモンスーンのあとに生ずるインダス河の氾濫に依存した小麦の農耕にあったため、その農地は氾濫の規模にしたがって年々移動し、また収穫量も不安定だったことが理由であろうか。こうした経済基盤の流動性と制約が単一の王権の登場を許さず、むしろ自然神への信仰や祭儀が都市運営の中心を占めることになったのだろう。灌漑《かんがい》農法を確立していたシュメール地域とのちがいがここにある。また注目すべきは武器の未発達なことであって、もちろん青銅製の武器が出土しているが、長い年月にわたって改良のほどこされた痕跡に乏しく、大きな戦争を経験することがなかったのかと想像してしまう。

冒頭に述べたように、古代インドは亜大陸として険阻《けんそ》な山と海に囲まれた特異な空間をなしていた。ドラヴィタ系と思われるこの先住民族の文明は、エジプトとメソポタミアのように他文明との交渉や闘争をおこなうことなく、ただ悠久のインダスとの対話のみつづけていたのだろうか。

この文明は、他の文明とはちがって、どのように地上に登場し、また消えていったのか、その経緯がほとんど知られていない。インダス河の異常氾濫であるとかその流れの変化、あるいは気象条件の激変など、いくつかの理由が想定されているが、いずれにせよ前一八〇〇年ころまでは都市が機能していたものの、やがて地方の村落文化のなかに解消されていった。そして前一五〇〇年、ヒンドゥークシュ山脈を越えてやってきたインド＝ヨーロッパ語族の登場により、この亜大陸はまったく新しい文明を抱き込むことになるだろう。

声の網の目としてのアジア

巨人伝説

　この地上にアジアということばや概念の生まれるはるか以前から、人々はさまざまなかたちで個々の存在の痕跡や意識の軌跡を残してきた。ときにそれは神話伝承や図像として今日に伝わるが、いまだもって意味の不明なものも少なくない。とはいうものの、たしかに人はなんらかの意味を表現にこめていたのだろうし、それを制作者が意識していようがいまいが、手の働きのなごりは雄弁になにかを物語る。ここに誰かが生きていたのだ。

　しかし、それでもアジアが重要なのは、個人の名前ひとつ伝わらない古代にあっても、そこに広範なネットワークが存在し機能していた、その事実にあるのである。たとえば中国の盤古《ばんこ》説話は、創世神話の一種である巨人伝説の典型であって、その記録には多少の異同があるものの、おおむねこのような話である。すなわち、宇宙がまだ混沌としていて生みたての卵のような状態であったとき、そのなかに盤古が生まれ、一日に九回変化して一丈ずつ大きくなってゆき、それにともない天地も伸びて一万八千年を経て世界ができた。やがてその盤古が死ぬと、そこから万物が生まれ、人間のいとなみが生まれたというのである。

天と地は陰陽に感じて盤古という巨人を生んだ。盤古が死ぬときに、その体がいろんなものに化して、天地のあいだに万物が具わるようになった。すなわち息は風雲となり、声は雷《いかずち》となり、左の眼は太陽となり、右の眼は月となり、手足と体とは山々となり、流れる血潮は河となり、肉は土となり、髪の毛や髭《ひげ》はかずかずの星となり、皮膚に生えていた毛は草や木となり、歯や骨は金属や石となり、汗は雨となった。

（松村武雄編『中国神話伝説集』社会思想社、現代教養文庫）

また別の伝承によれば、頭が東岳、腹が中岳、左の臂《ひじ》が南岳、右の臂が北岳、そして足が西岳になったともいう。

このような巨人の死体から世界が化成するという伝承は各地に見え、なによりインドのヴェーダ文典に見られるマハープルシャ（原人）神話が知られているし、日本の目から見れば『古事記』にある大気津比売神《おおげつひめのかみ》の説話が呼応している。八百万《やおよろず》の神が食べ物をこの神に求めたところ、この神は鼻や口、尻からさまざまな食物を取り出して神々に進上した。これを速須佐之男命《はやすさのおのみこと》が見とがめて汚穢《けがれ》と思い、この神を殺してしまった。すると、その死体の頭からはカイコ、眼からは稲の種、耳からは粟、鼻からは小豆《あずき》、陰部《ほと》からは麦、尻からは大豆《だいず》が生じたという。この日本の女神は巨人ではないが、五穀のはじまりを死体化成に求めたところは、同様の神話が（おそらくは朝鮮半島経由で）大陸から伝えられたものであることを教えてくれる。

声の旅

もちろんこうした巨人伝説の伝播はアジアに限ったことではなく、世界各地に見られるのだけれど、興味ぶかいのはアジアにおける説話の交換の積極さであり、仏教をはじめとする諸宗教の伝来ばかりにとどまらず、いわば民族や語族を超えて語りが伝えられたことのダイナミズムにあると思う。今日、世界神話に通底するさまざまな要素についての研究が進められており、とりわけインド＝ヨーロッパ語族の世界における神話構造の分析については、めざましい成果があらわれている（たとえばジョルジュ・デュメジル）。また一方でインドの東方、巨大な中国世界のなした西方との交渉についても多彩な研究が進められている。少なくとも歴史時代（文書記録の残る時代）がはじまるころ、すでに人々は民族や語族の境界を超えて語りだし、さまざまな交換を開始していたものと思われる。そしておそらく、声の交換もはじまっていたのだ。物語が民族の山を越えてゆく。しかし、これこそがアジアなるものの力ではないのか。

一八七二年、偶然のきっかけで、楔形文字《くさびがた》を記した無数の粘土板のなかから「ギルガメシュ叙事詩」の断片が発見された。一八五四年、アッシリアの遺跡を調査していたイギリスの考古調査隊が、ニネヴァで前七世紀のアッシュルバニパル王が建造した図書館を掘りあて、そこから出土した大量の粘土板文書を大英博物館に搬入した。そして営々たる解読作業が進められ、たとえば古代アッカド語の解読がなされるなど多くの成果が見られた。そうしたなか、たまたま作業の手伝いをしていた若い研究者が洪水の記述のある粘土板を発見し、それが「旧約聖書」のノアの方舟《はこぶね》の話と類似していることに気づいたのである。その後、シュメール語、ヒッタイト語、フリ語、エラム語などの版の存在が確認され、断片の発掘もおこなわれたことから、この叙事詩の詳細が明らかになっていった。その物語のあらましを要約しておこう。

古代メソポタミアの大都、ウルクの城主であったギルガメシュ（ギシュ・ビル・ガ・メス）は、その三分の二が神で三分の一が人間という半神半人の暴君であった。そのふるまいが目にあまるので、都の人々が天神アヌに訴え、その懲罰を願った。そこでアヌは粘土から野人のエンキドゥを生みだし、ギルガメシュに挑ませた。長い闘いに決着はつかず、かえって二人には友情が芽生えた。やがて二人は森の怪物であるフンババを征伐するが、それを見た美の女神イシュタルがギルガメシュに求婚する。しかし彼が女神の求めを拒絶したことで怒りをかい、その父であるアヌの力でエンキドゥが死んでしまう。ギルガメシュは友人の死に衝撃を受け、永遠の生命を求めて旅に出る。やがて永遠の生命をえたというウトナピシュティムと出会って秘密を尋ねるが、永遠の生命を得たがために神にうとまれて大洪水にみまわれ、エア神のおかげで方舟で逃れたことなどを語る。そしてギルガメシュは命の草を手に入れるが、蛇にそれを奪われてしまい、失意のもとに帰郷する。

この物語と「旧約聖書」のノアの物語とは、不思議なほどに重なりあう。ともかく聖書を見てみよう。アダムとエヴァにはじまる人々の系譜のなかで、地には人がみちてきたが、悪しき心をもつ者が増えてきた。それを憂えた神は「これを地上からぬぐい去ろう」と決意する。そして敬虔なるノアだけを例外とし、方舟を作らせて、洪水を起こした。

> 洪水は四十日間地上を覆った。……地上で動いていた肉なるものはすべて、鳥も家畜も獣も地に群がり這《は》うものも人も、ことごとく息絶えた。乾いた地のすべてのもののうち、その鼻に命の息と霊のあるものはことごとく死んだ。地の面にいた生き物はすべて、人をはじめ、家畜、這うもの、空の鳥にいたるまでぬぐい去られた。

やがて豪雨がやんだので、ノアは試しに烏を放つが戻ってきた。ついで鳩を飛ばせてみたが、大地がないらしく帰ってくる。七日待ってふたたび鳩を飛ばすと、やがてオリーブの葉をくわえて戻ってきた。さらに七日待って鳩を飛ばすと、ついに戻ってこなかった。乾いた大地が生まれたのだ。やがて方舟はアララット山に漂着する。

これを「ギルガメシュ叙事詩」に対比してみよう。まずはご覧あれ（『ギルガメシュ叙事詩』月本昭男訳、岩波書店）。

六日、七日、風が吹き、大洪水と暴風が大地を拭《ぬぐ》った。七日目になって、暴風と大洪水は戦いを終わらせた。それらは陣痛にのたうつ女性のように自らを打った。大洋は鎮まり、悪風《イムフラ》はおさまり、大洪水は退《ひ》いた。私が嵐を見やると、沈黙が支配していた。そして、全人類は粘土に戻ってしまっていた。……七日目になって、わたしは鳩を放った。鳩は飛んでいったが、舞い戻ってきた。休み場所が見あたらずに、引き返して来たのだった。

そこで燕を飛ばすが、これも舞い戻り、ついで烏を飛ばして、ようやく乾いた大地を見つけるのである。この方舟はニムシュの山に漂着したとされるが、おそらくはアララット山あるいはその近辺の山岳地帯であると思われる。

粘土と文学

このように聖書の洪水伝説と「ギルガメシュ叙事詩」との連関は明らかである。また叙事詩の「全人類は粘土に戻る」という表現から「創世記」の人類創造神話を連想することはたやすい。「創世記」には「主なる神は、土（アダマ）の塵で人（アダム）を形づくり、その鼻に命の息を吹き入れられた。人はこうして生きる者となった」とあるからで、さらにいえば「ギルガメシュ叙事詩」でも天空神アヌは粘土からギルガメシュの盟友たるエンキドゥを創造するのである。もちろんこうした物語は楔形文字で記されており、それは粘土板に記されていた。メソポタミアには石材、木材は乏しく、ほとんどの建造物は粘土からなる日干し煉瓦《れんが》でできていた。いわば世界最古の文明世界は粘土で形成されていたのである。

もうひとつ「創世記」から引用しておきたい。それはアジアをうるおす水の原像である。

エデンから一つの川が流れ出ていた。園を潤し、そこで分かれて、四つの川となっていた。第一の川の名はピションで、金を産出するハビラ地方全域を巡っていた。その金は良質であり、そこではまた、琥珀《こはく》の類やラピス・ラズリも産出した。第二の川の名はギホンで、クシュ地方全域を巡っていた。第三の川の名はチグリスで、アシュルの東の方を流れており、第四の川の名はユーフラテスであった。

この記述こそ、まさしくエデンの園とはメソポタミア、今日のバグダード近辺であろうといわれる所以《ゆえん》なのだけれども、「ピション」「ギホン」という二つの川は今日の河川と同定されてはいない。個人的な思いからすれば、それはおそらくアラル海からそそぎだすアム・ダリア、シル・ダリアの両河ではないかと夢想するのだが（根拠のないわけではない）、いまは追求しない。ともかく「創世記」における世界の根拠はメソポタミアにあり、そこから人類の悲喜劇がはじまったことを聖書は語りだしている。

人も文明（建造物とテキスト）も粘土から生まれ、そして多くはふたたび粘土にかえって残らなかった。しかし、粘土に刻まれた声は空間と時間とを超え、世界に拡散していったのである。やがてバビロニアに虜囚として拉致されていった多くのユダヤ人の記憶であるとか（前五世紀）、イスラームの登場（六一〇年）であるとかも、メソポタミアの粘土の記憶と無縁ではない。粘土の文明とは、太陽と大地との交錯、火と土と水という元素の生みだした世界なのである。

崩れ、流れ、拡がる

かの『金枝篇』をあらわしたフレイザーが古今東西の洪水伝説に着目したことは当然であり、実際に洪水をめぐる世界各地のさまざまな伝承は人間という存在の根源に触れていると彼は論じている（『洪水伝説』星野徹訳、国文社）。なにもかもが「ギルガメシュ叙事詩」にかかわっているとはいわないまでも、この物語の要素は、ちょうど水に流れて海に溶け出す粘土のように、ゆるゆると世界に流れ出していった。世界のさまざまな神話が不思議な通底をしめしていることは事実であり、人間の深い心理構成にその根源を求める議論もあるものの、その具体的・肉体的な伝承の系譜を疑うことはできない。こうした伝承の系譜の織りなす網の目が、いわばもうひとつのアジアをおおっているのではないだろうか。

アジアの諸文明が大河のほとりに生まれたことは、その文明の基盤が洪水と抜きがたい関係にあったことをしめしている。たとえば「洪水農法」という語もあるほどで、農耕文明の登場と洪水とはパラレルであった。巨人の解体とそこからの万物創世もまた、自然に崩されつつ再生する世界のメタファーなのかもしれないし、四季の移り変わりを反映する植物神の死と再生、その物語を写し出す起源譚なのだろう。土から生まれ土にかえる人間の物語は、東アジアの風土のなかでは理解しがたいものもあったはずだし、その反映を古代の説話のなかに見いだすことはむずかしいが、かすかな響きは届いていたのではなかったか。

さまざまな仏教説話のかたちで、多くの西方の物語が日本にまで届いている。『今昔物語』などは明瞭にその系譜を残しているが、仏典や漢籍をとおして伝わったインド以西の物語の要素は、隠された声として生き残っているはずである。仏陀《ブッダ》の前世をめぐる物語の集成『本生譚』（ジャータカ）は、そのままインドを中心とした古代アジアの説話大系として読めるものだが、そこにはアラビアからヨーロッパにつながる物語の筋が透けて見える。世界最古の物語とされる「ギルガメシュ叙事詩」が、すでにしてアジアの語りの古層の存在を暗示している。

だから『マハーバーラタ』のような古代インドの壮大な叙事詩のことを思うとき、とっくにアジアはみずからの系譜学と黙示録とを準備していたことに唖然とする。もはやこの叙事詩について語る余裕はないが、いまだ解体されきれない巨人が、アジアにはつねにそこに存在するという実感を覚えてしまう。説話の力であろうか。

ヘーゲルの〈アジア〉

哲学的「世界史」という視点

ヘーゲルは『歴史哲学講義』（長谷川宏訳、岩波文庫）のなかで、彼みずからの構想する「世界史」を学生たちに語りだそうとしている。ヘーゲルは、くりかえし歴史哲学の意義について語り、書き、参加を試みている。ここで彼の抱いた歴史をめぐる議論の構築や問題設定の前後関係について語る余裕はないが、本書が一八二二年にはじまるベルリン大学での半期五回の講義をもとにするものであり、彼の死後、自身の講義草稿と聴講生の筆録をもとに、一八三七年に初版が出版されていることは確認しておきたい。これは、もう一八〇年も前に発せられたことばなのだ。

ヘーゲルが死去したのは一八三一年のことであり、つまりは死の直前まで歴史哲学の講義をおこなっていたことになるのだが、はからずもこの年はゲーテ『ファウスト』の完成を見た年でもあった。ナポレオンの死去が一八二一年であったことも示唆的だが、アメリカにおけるモンロー宣言（一八二三年）、あるいはロシアにおけるデカブリストの反乱（一八二五年）など、世界は大きくその構造を変容させようとしていたし、世界交通網の発展と、それにともなう経済関係の大きな変化は、あらゆる文化観の変換をも準備することになったのだ（近代《モデルニテ》を讃美するボードレールは一八二一年に生まれている）。いわばヘーゲルは、目前の激動する世界史の舞台、全地球的な戦争と文化変動の渦巻く光景を眼にしながら世界史を語りだした最初の人物なのである。

しかし、ここで注目すべきは、そのアジアへの視点である。すでにアジア地域の多くは欧米列強のもとで植民地支配されていたのであり、日本の視点でいうなら杉田玄白などの蘭学は一定の成果を収めていたし、一八二三年にはシーボルトが長崎に来港し、近代における日本事情の記述をはじめている。もはやアジアは（西欧的な）世界史に呑みこまれていたのだが、それはたとえ逆説的にせよ、アジアみずからが、おのれの他称としての「アジア」を強く自覚せざるをえなかった最初の機会でもあったのだ。

だからこそ、ヘーゲルが次のように語っていることには注目せざるをえない。新世界たるアメリカにたいして旧世界としてのユーラシアは、その中核に地中海を抱いている。そこでは三つの世界、すなわちアジアとアフリカとヨーロッパが海をはさんで向きあっている。だから地中海こそが、世界史の中心だというのだ（「序論」世界史の地理的基礎）。

地中海は、旧世界に存在と生命をふきこむ心臓なのです。地中海なくしては世界史を思いえがくことができないので、地中海なき世界史は、ちょうど、全市民のあつまる広場のない古代ローマや古代アテネのようなものです。／ずっと東のアジアは世界史の過程からは遠くはなれて、そこに入りこむことがありません。北ヨーロッパも世界史に入りこむのが遅く、古代においては世界史とかかわりをもちません。古代の世界史は地中海周辺の国々にかぎられますから。……東アジアとアルプスのむこうは、活気ある中間地帯たる地中海のはずれにあって、世界史のはじまりとおわり、日の出と日の入りをあらわします。

ヘーゲルにとってのアジアとは、ここではユダヤ教とキリスト教の中心地たるシリアとか（当時エルサレムはシリア領であった）、イスラームの発祥地たるアラビア世界のことであり、あくまで地中海に向きあうアジアなのである。

ヘーゲルの「アジア」

もちろんのことヘーゲルは、すでに開始されていた中央アジアや東アジアに関する歴史調査のことを知らないわけではなかった。東インド会社などを中心としたヨーロッパのアジア進出がはじまって、もはや二〇〇年がすぎていたのだから。ドイツの地理学者リヒトホーフェンが中央アジアの通商路を「絹の道」(Seidenstrassen) と名づけることになるのは、ヘーゲルの死後からさらに半世紀をすぎてからだが、ヨーロッパがとっくにその道の存在を熟知していたことは、宣教師などのアジアへの歩みを指摘すれば十分だろう。だからヘーゲルは、あらためて「アジア」の語源を踏まえつつ、こう語るのである。

アジアは日の出の地域です。アジアはアメリカの西に位置しますが、旧世界の中心とおわりをなすのがヨーロッパで、そのヨーロッパが絶対の西ですから、アジアは絶対の東です。アジアのうちに精神の光がたちのぼり、それとともに世界史がたちあらわれます。

すでに述べたように、「アジア」ということばには、はじめから「日の出」という意味がつきまとっている。もちろんヘーゲルもそれを踏まえているのだが、ここでアジアを「アメリカの西」と述べていることが興味ぶかい。なぜ地続きのユーラシア大陸からアジアを方向づけずにアメリカ大陸と太平洋を越えて西回りにアジアを見ようとするのか。しかしヨーロッパこそが「絶対の西」なのだから、アジアが「絶対の東」であるという、ここの表明にヘーゲルの時代の微妙さが見えている。

ゲーテが『西東詩集』を出版したのは一八一九年のことであり、イスラーム詩との出会いの衝撃（とりわけハーフィズ）から生まれた東方への憧憬が顕著な作品といえるけれども、当然のことながら、ヘーゲルもこの詩集をひもといたにちがいない。だが、のちにイギリスの詩人キプリングは、『東と西のバラード』（一八八九年）のなかで有名な冒頭の一句を発している。「ああ、東は東、西は西、この二つが交わることはない、／大地と空が神の審判の前に立つ最後のときまで」。『ジャングル・ブック』や『キム』で知られるこの詩人のことばは、植民地インドのボンベイに生まれ、生涯の大半をアジアにすごした人物の真摯な表白なのかもしれないが、ある意味で、その後の欧米のアジア意識を刺激しつづける語句となった。この落差が、なかなかに微妙である。一八五八年にイギリスがインドの直接統治を宣言したように、ゲーテやヘーゲルの見ることのなかった新たなアジア情勢は、十九世紀半ば以降に急展開してゆくのである（マルクスはそれを見ていたはずだ）。

自由への意識

ところでヘーゲルは、世界史の意義の根本に「自由」という概念をおこうとする。「世界史とは……精神がみずからを自由だと意識する、その自由の意識の発展過程と、その意識が現実にうみだすものの発展過程をしめすもの」とするのだが、その個別的なあらわれが民族精神であるという。しかしそれは個々別々な具体的民族精神であって、宗教や政治体制、法律や学芸にいたるあらゆる側面に見えてくるもので、ここから民族の一般的特徴が浮かびだす。そこに自由の意識という本質的なものを見いださねば世界史を見誤る、というのがヘーゲルの姿勢である。だが、彼のいう自由の意識とはなんだろうか。

こうした見解にはヘーゲル哲学の根本にある「世界精神」などの概念がひそんでいることだろうが、それはここでの問題ではない。世界史の意味を構想するなかで、ヘーゲルは「自由の意識」あるいは「自由への意識」を求める理性のありかたを問いかけるなかで、きびしく西と東、ヨーロッパとアジアとを峻別しようとするのである。

ここで急いで付け加えておかなくてはならないのは、この歴史哲学をめぐる講義において、世界史のなかでの理性の曙《あけぼの》はアジアにある、そうヘーゲルが明言している事実である。それは本書の本編第一部が「東洋世界」であり、中国、インド、ペルシア世界が彼の具体的対象であったことからもわかる。ちなみに第二部が「ギリシャ世界」、第三部が「ローマ世界」、第四部が「ゲルマン世界」となっているのだが、最後の「ゲルマン世界」はキリスト教的なヨーロッパといっておいてもいいだろうか。ともかく、この講義の大半は歴史哲学の意味づけとアジアについての考察に費やされており、それを反語的にとらえることはいかようにも可能だが、ヘーゲルのことばの端々に「新たに発見されたアジア」が響きわたっていることがよくわかるのだ。

しかしヘーゲルは、その第一部の冒頭で「わたしたちは東洋世界からはじめなければなりません」と述べはじめ、さらには「神政政治のおこなわれる中国とモンゴルが歴史のはじまりです」と断言しはするものの、それは世界史の前段階としての初期文明の記述に終始するのだ。そのはじまりとは未分化の歴史のきざしとしてしか見られていない。

中国とともに歴史がはじまります。歴史のつたえるところ、中国は最古の国家であり、しかも、その共同体の原理は、この国にとっては、最古の原理であると同時に、最新の原理でもあるのです。……中国が歴史に登場したときのありさまは、いまとかわらない。というのも、客観的な存在とそのもとでの主観的な運動との対立が欠けているために、そこではいかなる変化も生じようがなく、わたしたちが歴史と名づけるもののかわりに、永遠におなじものが再現するからです。

（第一部第一篇「中国」）

この表明は、いわゆるアジア停滞論、あるいはマルクスの示唆したアジア的生産様式論などにつながるもので、やがては和辻哲郎『風土』（一九三五年）における中国のモンスーン的風土の産みだす特性の記述にも、いかにも歪《ゆが》んだかたちでその反映を見ることができる。和辻によれば「シナ人は……単調にして空漠たるおのれをすでに見いだしている」ので、それに耐えようとして「意志の持続、感情の放擲《ほうてき》、従ってまた伝統の固執、歴史的感覚の旺盛」を引き出している。だからこそ中国の人々は西欧列強や日本の植民地支配にたいしても無感動であって、いわば「単調にして空漠たるおのれをすでに見いだした」存在として国家を忘れ去りながら生命をつないでいるというのだ。こうしたアジア観に対比して、あらためてヘーゲルの声の響きを聞かざるをえない。もちろん、ヘーゲルその人の本意ではないだろうが。

比較神話学へのまなざし

さて、ヘーゲルのことばを手がかりにさまざまなことばを見てきたのには、近代における西欧からのアジア観の視点を確かめるためだった。もちろんそこには、他のさまざまなまなざしもあったのだし、本格的なアジアの歴史・文化調査がはじまるのは、もう少しのちのことである。しかし、すでに多くの学者たちがアジアの文化の豊かさに着目しはじめ、さまざまな説を述べていた。そのひとつに多様な文化のアジア起源説がある。哲学の起源や多様な神話の源泉をアジアに求めようとする試みがそれである。それにたいして、ヘーゲルはこのように述べている。

> 具体的内容を棄てて形式的視点のあいだをあちこち動きまわる教養の立場は、切れ味のよい問いや、学識ゆたかな見解や、めざましい比較や、奥行きのある思考や、熱弁をしめしはする。……インドの有名な叙事詩とホメロスの叙事詩を比較する、というのがこのたぐいのこ

ころみで、詩人の天分を証明するのは空想の大きさだといった理由から、インドの叙事詩がホメロスの上におかれたりする。また、神の形をあらわす個々の空想上の特徴が類似しているからといって、ギリシャ神話の神々がインドの神話にも登場しているとされる。同様の意味で、一を基本とする中国の哲学は、のちのエレア哲学やスピノザ哲学とおなじものだとされ、また、抽象的な数や線による表現がおこなわれていることから、そこにピタゴラス的なものやキリスト教的なものがあるとされる。

しかし、こうした見方は誤った形式主義であり、誤った道徳原理を導き出すというのがヘーゲルの批判である。なぜなら、中国やインドには国家の本質をなすべき自由の概念の意識が欠けており、それは自然法則のように外部から強制される命令であるにすぎず、そこには「共同体の理性的な規律を心情的な道徳へと転化するのに必要な自由が存在しない」からである。なるほど、インドの叙事詩や中国の古代哲学にすばらしい点は多々あるが、ついにそれは他律的なままで、「自己を生みだす民族精神」の域に達することはなかったというわけである。

ここに一種のヨーロッパ中心主義やキリスト教中心主義を見ることはたやすいし、国家や民族への強い傾斜に疑問も生まれる。ヘーゲルは、意外なほどにイスラームにたいして理解をしめしているのだが、それでも彼の地中海中心の思考は動くことがない。彼にとって、初期のさまざまな比較神話学的な試みは、夢のようなアジアへの憧憬にすぎないと見えたのだろうか。

ヘーゲルの説く歴史哲学の理念の根底には、十七世紀から十九世紀にわたって基礎づけられたヨーロッパのアジア観が横たわっている。彼の議論は、マルクスの批判を経た現在でもなお新鮮であり、示唆に満ちているが、その後のアジア情勢の変遷を知るぼくたちにとっては、じつは新たなアジア観を問う試金石となっているのではないか。あらためてヘーゲルを読み返してみる次第である。

ユーラシアを駆け抜けることばの道

インド再発見

一七八三年、イギリスの法律家ウィリアム・ジョーンズはインドにおもむき、カルカッタの高等法院判事に着任した。インド総督府の官吏となるための難関を突破して選抜されたジョーンズは、さまざまな思いを抱いて亜大陸インドに足を踏み入れたことだろう。すぐさま彼は仕事の合間をぬって街を歩き回り、はじめて眼にするインドの風俗や文物に心を奪われた。いまは植民地として収奪の対象としか認識されていないにしても、その背後には深遠な歴史と文化がひそかに息づいていることを彼は強く感じ取っていた。渦巻く喧噪、まじりあう強烈な香辛料の香り、耐えがたい暑さ、そのすべてにインドという世界の広大さを見いだしたのである。

なにより彼は、耳のするどい言語の才覚があった。いささか伝説めいているが、彼が街のバザールを徘徊しているとき、ふと耳についたことばがあって、それがインドのどの言語かを知るよしもなかったが、声高に語られているその語の端々に西欧の諸言語との共通性を感じたというのである。北ヨーロッパの白人であるジョーンズと、目前で語りあっている漆黒の肌をもった人々とは、形質的にはるかな隔たりがある。しかし、ことばはどうなのか。この共通性の背後にはなにがあるのか。すでに彼はインド諸語をマスターしていたかもしれず、それほど劇的な発見であったかどうかはともかく、インドで言語の深みを見いだしたことは事実であり、この感覚が言語学という学問を生みだす本質的なきっかけとなるのだから、無視できない。

ジョーンズは、翌八四年、ベンガル・アジア協会を設立し、機関誌『アジア研究』("Asiatic Researches")を創刊することで、西欧によるインド研究の端緒を開くことになった。この動きと同調するように、同じ八四年に東インド会社の書記を務めていたチャールズ・ウィルキンズが『バガヴァッド・ギーター』の英訳を発表しており、これはサンスクリット語の原典を西欧の近代語にまっすぐ訳した最初の成果とされるものである。この『ギーター』は、インドの大叙事詩『マハーバーラタ』の一部を成すものであり、内容はクリシュナ神の説く宗教＝哲学訓であるが、こうしたインド世界の再発見は、ヨーロッパに大きな衝撃をもたらすことになった。

サンスクリット語の存在は紀元前の地中海世界でもすでに知られており、十七世紀には多くの宣教師がこの古代言語を駆使してアジアに入りこんでいた。しかし、語学として最初にヨーロッパでサンスクリット語講座が開かれたのは一七九五年のことで、植民地インドに生まれ育ったアレクサンダー・ハミルトンがパリ東洋語学校に設立しているが、彼の教えを受けたドイツ・ロマン派の詩人フリードリヒ・シュレーゲルこそ、ドイツ最初のサンスクリット語学者となるのである。フランスに次いでドイツのボン大学に最初のサンスクリット語講座が設けられるが、その初代教授はシュレーゲルの兄のヴィルヘルムであった。そして彼らは熱狂的に、あらゆる神話の源泉としてインド神話の優位性を主張することになるのだが、ここにはジョーンズの提唱したサンスクリット語、ギリシア語、ラテン語における深い通底性の指摘が基礎として認識されていた。

一七八六年、ジョーンズはカルカッタで「インド人について」という講演をおこなっている。ここで彼はサンスクリット語とギリシア語・ラテン語との構造上の類似に着目しながら、それを他のヨーロッパ諸言語との関連性のなかで検証しつつ、その彼方にひとつの言語の源泉（祖語）が存在する可能性をしめそうとした。「これは直感による推定で、彼はこれをこまかく論証したわけではない。しかしこの一言がきっかけとなって、今日の言語学が勃興したのである」（風間喜代三『印欧語の故郷を探る』岩波新書）。この大胆な意見は、永く学会に受けいれられることがなかったが、反響は大きかった。ジョーンズは、こう断言した。「サンスクリット語はすばらしい構造をもっており、ギリシア語よりも完全で、ラテン語よりも豊かである」。ここから、すべての地中海神話はインド神話を源泉とするというような極端な意見も生まれてきた。ホメロスの叙事詩のうえにインドの叙事詩を置くことを批判するというヘーゲルの意見も、こうした新しい歴史観に対応するものなのだ。

インド＝ヨーロッパ語族

フランスの言語学者アントワーヌ・メイエは「文字法を発明し完成した人間は偉大な言語学者だったし、彼らが言語学を創始したのである」と書いている。しかしこの表明は、その一方で近代の言語学が十九世紀初頭にはじまる新しい学問であり、それ以前の二千年間に言語をめぐるすぐれた考察が多数あったにしても、言語を言語そのものとして理解しようとする試みは、近代になって開始されたばかりであることの確認でもある。とはいうものの、たとえば古代インドのパーニニは、サンスクリット語の文法論、音韻論などを完成し(前五世紀)、アリストテレスは『動物誌』で母音と子音の意味づけを人間の身体機能から正確に記述している(前四世紀)。

おそらく人間は、言語を発するみずからについて、早くから問いかけ、人間にとって言語とはなにかを論じていたはずである。また「旧約聖書」には、バベルの塔以前にもさまざまな言語の存在していたことを示唆する記述がおおくあるし、ヘロドトスや司馬遷《しばせん》が言語の多様性について書きとめていることも注目に値しよう。とはいえ、人間とともに歩んできた言語の生について語りはじめるには、ジョーンズの発見ほどに革命的なできごともなかった。つまりはインド＝ヨーロッパ語族の発見がそれであり、諸言語を、手段としてではなく認識の対象として研究するという近代言語学の姿勢が、それまでの文献学的な手法に対峙して、ここではじめて確認されたのだ。

今日の世界で話されている言語がどれほどあるかという問いは、どこで言語を区分けするかによって微妙に変化する。たとえば沖縄語を日本標準語のなかに数え入れるかどうかは、歴史や文化を見渡したとき、意見の分かれるところだろう。同様の問題は世界中にあって、ほとんど同じ言語でありながらヒンディー語とウルドゥー語は別言語とされるし、南北朝鮮の言語は、それなりの差異性をはらみながら一言語と数えることが多いようである。まして少数民族の言語となれば、民族のアイデンティティとあいまって自言語の独自性を主張してやまないから、言語の数など確定できるものではない。ともかく一般的には、今日の世界の言語数は四〇〇〇強あたりであろうか。しかし話者の数からいうなら、世界人口の半数近くがインド＝ヨーロッパ語族に属する言語を母語としているとされている。

ここでいうインド＝ヨーロッパ語族とは、古代のあるひとつの言語（祖語）を母体とし、そのことばを話していた人々の移動・分岐・混血などによりユーラシアの各地に拡大・分散しつつ、移り住んだ各地の風土や先住民族の文化などに適応しながら多様な変化を遂げた巨大な言語グループであると考えられている。その原郷がどこであるか、いまだ定説を見ないが、いずれにせよユーラシアの北方に出発点があったと思われる。それが今日では、スカンジナビア諸語から東西ヨーロッパ諸語、スラブ諸語、インド゠イラン諸語にいたる広範な言語に拡散しているのだ。ジョーンズがインドで発見した言語の共通性とは、地中海世界の言語に通底する特性がインドの諸言語に認めうるという点にあった。彼の推測の言語学的な重要さはもちろん、ギリシア゠ローマ文化の優位性を信じて疑わない西欧アカデミズムにたいしてインド文化を同じ土台に立たせ、その背後に広大な交錯する文化闘争を描いてみせたことは、新たなアジアの発見でもあった。ジョーンズはインドという言語のるつぼのなかに歴史の秘密を解く鍵を見いだしたのだ。

叙事詩の世界

ジョーンズとともにベンガル・アジア協会を運営していたハミルトンが『ギーター』を英訳したことは、きわめて象徴的に思える。この二人の人物は、今日ではインド学の父とされているが、来るべきアジア学に先鞭をつけた存在でもあった。ジョーンズは『ギリシア、イタリア、インドの神々』を一七八四年に刊行した。このなかでジョーンズはエジプト神話のインド起源説をほのめかしているものの、聖書の記述にたいしては慎重であった。しかし、ここにはすでに比較文献学・比較神話学の萌芽が認められる。

インド゠ヨーロッパ語族であるアーリア人がヒンドゥークシュ山脈を越えインドに侵入したのは前一五〇〇年ころだが、すでに弱体化していた先住民族のインダス文明を呑みこみ、前一二〇〇年ころにはヴェーダ文典の最古層が成立している。やがて前一〇〇〇年ころにはバラモン教の体系がなり、人種構造を基にする社会体制としてのカースト（ヴァルナ）も完成したものと思われる。一方、カフカス山系の北部から南下してきたインド＝ヨーロッパ語族は、いくつかの筋道を経て前二〇〇〇年から前一二〇〇年にかけてギリシアに侵入した。これはトロイア文明の成立からクレタ＝ミュケーナイ文明の展開、そしてトロイア戦争の勃発へとつながってゆく時代に重なる。きわめて大雑把にいえば、インドとギリシアは、ほぼ同時期に新たな民族の到来による変容を受けいれたのだ。

世界最大の叙事詩『マハーバーラタ』は、およそ十万頌《しょう》からなり（頌は十六音節二行の詩句）、全十八巻。インドの始祖バラタ族に生じた親族間の領土争いを主題としている。もともとは前十世紀ころに生まれた祭祀のおりの昔語りだったようだが、永い年月のなかでさまざまな挿話が折り込まれ、現在のかたちになったのは後五世紀ころと考えられている。その中心となるのは戦争物語であり、激しい戦闘のおこなわれた十八日間を描く。たいする『イーリアス』は前八世紀の中頃の成立で、一万五六九三行。ミュケーナイ時代を背景にトロイア戦争を題材とし、戦争がはじまって十年目の四十九日間のできごとが中心である。いずれも永い年月のあいだ伝承されることで増大・彫琢《ちょうたく》されてきたものと思われ、正確な作者や成立の次第は不明だけれども、民族の起源とその栄枯盛衰、そして神々をも巻き込んだ運命を決する大戦争の記憶が主題となっていることは、不思議な一致を見せている。

しかし、もちろんこの二つの大叙事詩のあいだに直接的な関係があるとか、そこに優劣を見ようとするとかのふるまいには意味がない。すでにこの二大文明は、それぞれに独自の道を歩んでいたのだから。けれども、前三三四年から十年にわたる東征をアレクサンドロス大王が起こした時、彼はいわばインド＝ヨーロッパ語族の分岐した永い歴史の旅の道筋を一挙につなげてみせたことになるが、ホメーロスの詩句を熟知していた大王はインド世界になにごとかの共通点を見いだしたろうか。生涯の大半を戦乱に生きたアレクサンドロス大王がもし『マハーバーラタ』の原型に触れえたのなら、おおくの思いが浮かんできたことだろうに。

怒りを歌え、女神よ、ペーレウスの子アキレウスの、／おぞましいその怒りこそ、数限りない苦しみを、アカイア人《びと》にかつは与え、／また多勢の　勇士らが雄々しい魂《たま》を　冥王が府へと／送り越しつ、その骸《むくろ》をば　犬どもや　あらゆる鷙鳥《しちょう》のたぐいの／餌食としたもの、その間にも　ゼウスの神慮は　遂げられていった、／まったく　最初に争いはじめて　武夫《もののふ》らの君アガメムノーンと／勇ましいアキレウスとが　仲たがいしてこのかた。

（『イーリアス』第一書、呉茂一訳、平凡社ライブラリー）

吟遊詩人は語った。――／最高のバラモンよ、神軍がこのように興奮している時、鳥の王ガルダは、速やかに神々のもとに到着した。こよなく強力な彼を見ると、神々はいたるところで戦慄した。そしてすべての武器が互いにぶつかり合った。……鳥は翼で風を送ってほこりを立て、世界を暗黒にし、それを神々にふり注いだ。ほこりをまかれた神々は錯乱に陥った。そして、甘露《アムリタ》の番人たちは、ほこりにおおわれて、ガルダを見ることができなかった。このようにして、ガルダは天界を混乱させ、翼とくちばしで打って神々を粉砕した。

（『マハーバーラタ』第一巻、上村勝彦訳、ちくま学芸文庫）

この思いつくままに引いた詩句の隔たりは大きいが、ここになんらかの共通する原像が見いだせたなら、インド＝ヨーロッパ語族を産み落とした古代アジアの風景が見えてくるかもしれない。ジョーンズが手がかりを見いだした言語の地脈は、今日の科学に多彩な研究領域を育むことになった。たとえば比較神話学（ジョルジュ・デュメジル）および比較言語学（エミール・バンヴェニスト）などによるインド＝ヨーロッパ語族世界の再構成であり、その仮説を実証するさまざまな考古学的・人類学的な成果である。ここで政治＝地理学的に対峙させられているアジアとヨーロッパに、新たな共有点を見いだせるかどうか。固着した民族意識（ヘーゲル）を打ち破る道がここにあるかもしれない。

火の祭を求めて

古代ペルシアの原像

インド＝ヨーロッパ語族の発見は、アジアの古層に秘められた多様な古代宗教の姿を明らかにしてきた。そのひとつが古代ペルシアのゾロアスター教である。

ペルシア民族はインド＝ヨーロッパ語族に属し、インドとともに祖先にアーリア民族をもっている。もともと「高貴な」という意味をもつ *āryan* は、今日の国名であるイランの語源となっているが、この民族は中央アジアからアフガニスタンへと移動したのち、インドへの道をたどったグループと分かれてイラン高原へ進出したと考えられている。この分岐は徐々におこなわれ、やがてインドのパンジャーブ地方に初期の「リグ・ヴェーダ」文典があらわれるころ、イランには新たな宗教の創始者としてゾロアスターが登場する。正確にはザラスシュトラというが、創始者の名を明らかにする宗教としては世界最古となるゾロアスター教は、ギリシア人にもよく知られていた。しばしばギリシア人は、ゾロアスターという存在を「トロイア戦争の五千年前に生きていた」人物などと表現したが、夢のような古代に位置づけるほど謎にみちて見えたのだろう。たしかにゾロアスターの生きていた年代については諸説があるが、今日では前六世紀ころと考えられている。前三千年紀のシュメール都市国家の誕生にはじまるメソポタミア諸国家の興亡が、アッシリアのオリエント統一（前七〇一年）からアケメネス朝ペルシアの成立（前五五九年）にいたって収束する時代である。おそらくゾロアスター出現以前には、インドとペルシアが分岐してまもないころの原ペルシア神話群を基礎とする宗教が存在し、インド古代神話群と多くの共通点を保ちながらうごめいていたのだろう。しばしばゾロアスターが偉大な宗教改革者として理解されるのも、それ以前の失われた宗教を想定してのことである。

インドのサンスクリット語に対応する古代ペルシアのアヴェスタ語という名称は、ゾロアスター教の聖典『アヴェスタ』に由来する。言語学的にはインド＝イラン語派と呼ばれているように両言語の関係は密接であり、たとえばサンスクリット語で神々を総称する語「デーヴァ」(*deva*)に対応するアヴェスタ語は「ダエーワ」(*daēva*)となる。しかし、その意味は悪神の総称である。その一方、ゾロアスター教の最高神とされるアフラ・マズダ(*ahura mazda*)の「アフラ」は神的存在をあらわす語だが、対応するサンスクリット語の「アスラ」(*asura*)は悪神とされ、インドラ神（帝釈天《たいしゃくてん》）に敵対する存在となる。のちの仏教における阿修羅《あしゅら》がそれだが、こうした対立する語義の存在については、ふたつの民族が住みついた地域の風土の差や生活様式の変化（定住と遊牧）などの影響があることはもちろんだし、釈迦《しゃか》というもう一人の宗教改革者の意味も考えあわせねばならない。たとえば「アスラ」にしても、もともとは善神を意味していたのだが、やがて語頭の「*a*」を否定の接頭辞と見て「神（*sura*）ならざるもの」と意味を変化させたのだと理解する場合もある（「非天」などと訳される）。しかし語義が対立していても両者の親密性は明らかであって、さまざまな考古学資料から導き出される比較作業は、興味ぶかいインド＝イランの原像を描き出しつつある。

さて『アヴェスタ』は、大きく五つの部分からなっている。その第一がゾロアスター自身の手になるとされる韻文詩篇「ヤスナ」（祭儀書）であり、とくに最古の一部をなす十七章は「ガーサー」と呼ばれる。第二が「ヤスナ」を補足する小祭儀書「ヴィスプラト」、第三が宗教法を記した「ヴィーデーヴダート」（徐魔書）、第四がさまざまな神格に捧げられた「ヤシュト」（頌神《しょうしん》書）であり、ここにはインド神話に通ずる最古層の神話が見られ、成立は前二千年紀にさかのぼるとされている。たとえば水をつかさどる女神アナーヒターに捧げられた第五章には、インドの河の女神であるサラスヴァティー神話と深い関連が認められる。そして第五に日常的な祈禱文の集成「ホルダ・アヴェスタ」があるが、今日に残されている『アヴェスタ』はササーン朝期にまとめられた聖典の四分の一にみたないと推定されている。しかし、ササーン朝時代からイスラームの初期にかけて成立した中世ペルシア語（パフラヴィー語）文典に残された神話群が、その欠落を補っている。なかでも『原初の創造』（ブンダヒシュン）と一種の百科全書である『宗教のふるまい』（デーンカルド）は多彩な神話を収めている。またこの時代には、さまざまな世俗文学が残されていることも重要で、いわゆる『千夜一夜物語』の原型とされる物語群も数多くあり、古代神話の残像を伝えている。

ゾロアスター教の空間

ゾロアスター教は、主神アフラ・マズダの名から「マズダ教」と呼ばれることもあり、聖なる火を守る独特の儀礼から「拝火教」と呼ばれる場合もある。中国には早くから伝わっていて、唐代に「祆教《けんきょう》」として多くの寺院を擁した。長くペルシア帝国の国教として存続し、七世紀前半のアラブによるペルシア征服と急速なイスラーム化のもとで消え去るまで、この宗教は強い勢力を誇っていた。前四九二年にはじまるペルシア戦争を経験したギリシアは、当然のごとくにゾロアスター教を意識していたし、のちにアレクサンドロス大王はペルシア帝国に攻め入ったおり、この宗教の巨大さに驚愕したと伝えられる。すなわちダレイオス一世の時代（前五二二〜前四八六年）におけるペルシア帝国の版図は、西はエーゲ海沿岸の小アジア、エジプトから、東はインドに接するインダス河畔におよんでいた。この広大な地域を「王の道」と呼ばれる幹線道路が縦横に結び、領土は二十あまりの州に分けられて統治されており、各州に派遣された帝国の貴族はペルシアの文化と宗教の伝統を保持しつづけ、各地にアナーヒター女神を祀《まつ》る神殿が築かれていた。たとえば現在のトルコ西部沿岸にある古都サルディスにも、前四世紀にはアフラ・マズダの神殿のあったことが記録に見える。いわば古代アジアの西半分は、多かれ少なかれゾロアスター教の世界だったのだ。

しかし、一方でペルシア帝国のとった占領政策は独自のスタイルをもち、征服された諸民族に固有の言語や宗教を弾圧することはせず、むしろさまざまな特権さえ与えていたのだ。たとえば前五三八年、キュロス大王がバビロニアに囚われていたユダヤ人を解放し、さらに祖国に帰ってヤハウェ神殿を再建するようにうながしたことなどがその典型であろう。したがって、古代ペルシア語は広大な帝国のなかに特権的な言語として広まることはなく、エジプト人はエジプト語を話し、ギリシア人はギリシア語を話していた。帝国の中心であったペルセポリスにおいてさえ、王室の古文書はペルシア語ではなくアラム語で記されている。このような地方文化への優遇政策は、広大な帝国を治めるうえでの必然的な政策であったはずだが、やがてアレクサンドロス大王が積極的にペルシア人を政治に登用し、バビロニアの神々への祭祀を執りおこなってみせたのもペルシアの智恵に学ぶものであったろう。イスラームの台頭以後、ゾロアスター教の経典が散逸してしまったのは、このような文化政策が影響しているかもしれないが、逆説的にいえば、この古代宗教の力は姿を変えて残存する道を見いだしているともいえる。たとえば三世紀におこったマニ教は、ゾロアスター教を母体にしてキリスト教から仏教までを融合させた特異な宗教であったが、光と闇、善と悪、精神と物質とが厳然と分離された二元論的な教義は、古代ペルシアの生みだした深い宇宙観を伝えている。またニーチェがゾロアスターを再発見し、永劫回帰の思想と苦闘する哲学詩『ツァラトゥストラかく語りき』を書きあげたことは、あらためて指摘するまでもない（「ツァラトゥストラ」は「ゾロアスター」のドイツ語読み）。今日、宗教としてのゾロアスター教はインド、パキスタンなどを中心にパールシー教として十万人ほどの信者を残しているが、文化としてのゾロアスター教は、いまだアジアに多くの意味を秘匿しているはずである。

歌いつがれる始源

さて、ここではゾロアスター教の教義そのものには踏み込まない。時代ごとの変容が大きいことと、確定しづらい問題点が多くあるからである。詳しくは伊藤義教『ゾロアスター研究』（岩波書店）をはじめとする関係書籍にあたっていただきたい。

むしろここで見ておきたいのは、古代、中世を経てイスラームの時代に入った十世紀後半のペルシアである。アラブの勢力下に入ったペルシアは、強力なイスラーム化政策のもとで改宗を強いられるとともにアラビア語の使用や支配権を握るアラブ人のもとでの生活を余儀なくされ、さらにはトルコ＝モンゴル勢力の台頭もあって、およそ二世紀あまりも沈黙せざるをえなかった。宗教＝政治言語としてのパフラヴィー語が、その独特の文字とともに消え去ってのち、口語としてのペルシア語が地方の文人たちのもとでわずかに語りつがれていたのみである。こうした地方の郷士・文人をデフカーンというが、この語には「耕作者」と「物語伝承者」という二重の意味がある。そうしたデフカーンの一人であったフィルドゥーシー（九三四〜一〇二五年）が三十年あまりの時間を傾けて完成させた民族叙事詩『王書』（シャー・ナーメ）こそ、ゾロアスター教の光を伝える第三の神話の糸であった。

イラン東北部メシェッドの近郊、トゥースという村の地主の家に生まれたフィルドゥーシーは、九八〇年ころ、民族の登場からササーン朝の滅亡にいたる神話・伝説・歴史を主題とする叙事詩に着手し、およそ六万の対句からなる詩篇を一〇一〇年に完成させた。彼はこの詩篇をガズナ朝のスルタンであるマフムードに捧げるが、報いられることのないまま失意のもとに没したといわれる。しかし、イランの建国から四つの王朝、歴代の五十人におよぶ王者の足跡をたどったこの物語は、異民族であるアラブの支配に対抗する「プロパガンダとしての建国物語」（『王書』岡田恵美子訳、岩波文庫「解説」）という性格を秘めていた。だからこの叙事詩は、やがてイスラーム世界におけるペルシアの台頭が起こると、たちまち民族の確固たる精神的支柱の位置を占め、

『王書』を読むことはイラン人の義務とさえいわれるにいたる。先行するさまざまな歴史資料やルーダキーなどの詩文を参照して成立する『王書』は、フィルドゥーシー個人の文学的営為というよりは民族のことばの集大成であり、もちろんイスラームという枠組みは存在するものの、ゾロアスターの説いた宇宙観が全編に見え隠れする。その一節を読んでみよう（第一部第二章）。

われわれの祖先はある一つの信仰と祭儀をもち、敬神が褒《ほ》むべきことであった。現在アラブ人は一つの石メフラーブにむかって祈りを捧げるが、われわれの祖先は美しい色をした火にむかって祈ったものである。火とは石のなかにあったもの、そしてこの世に光をひろめるために石から出現したものである。

ある日のこと、世の王は数人の供の者をつれて山を歩いていたが、先方に長い、なにか黒っぽいものが素早くうごくのを認めた。その頭部には血の泉のような目が二つ、口から吐きだす煙がこの世を暗くしていた。フーシャングは慎重にこれを見すえ、石をつかみ進みでて撃つ。勇者の力をこめて投げた石に、世を燃えあがらせる蛇は王のまえから逃げだした。投げつけた小さな石が大きな石にあたる。両方の石は割れたが、その衝撃から火花がちり、その輝きで石の中核が赤くなる。蛇は殺せなかったけれど、火が、そこに隠れていた石の中からでてきた。こうして、いつでも鉄で石をうてば、そこから火花が現れてくるようになった。

王は創造主たる神に祈りを捧げ、火花を贈りくだされた神を称え、祈りをとなえつつ火にむかうよう命じた。

「火花は神のあたえたもうたもの。人に知性があるならばこれを崇拝せねばならぬ」

そして夜がくると、山のように高々と火を燃やし、王は臣民とともに火を囲み、この夜を祝って酒をのんだ。あかあかと燃えるこの夜に王のあたえた名が「サデの祭り」。その祭りがフーシャング王を記念して今もなお残っている。彼のような王がこの世におおく現れますように！　なぜなら彼は人間の開化に喜びを見出した王、その名は親しく世人の記憶にとどめられているのだから。

あきらかにゾロアスター教の香りを残す物語である。古代ペルシアより伝わるサデの祭りは、アラブの侵略以降は禁じられていたと注にある。それを高らかに歌いあげた火の祭祀の起源譚は、人々の心に古代の光を投げかけたはずだ。

インドにおいてはヒンドゥー神話が延々と歌いつがれてきたが、それとは対照的に、古代ペルシアの声とまなざしは紆余曲折を経て現在に届けられている。さまざまな言語と文字の変遷を超えて、燃える火は姿を変えて故地に根づくのだ。やがてイスラーム世界に古代ギリシアの学問が流れこみはじめ、知性の中核にペルシア文化が花開くことになるのだが、その彼方に火の神話のひそむことを見落としてはなるまい。

世界史の背景

フレグ・ウルスの成立

　政治家、歴史家として知られるラシード・アッディーンは、一二四九年ころ生まれ一三一八年に没している。イランの地に建国されたモンゴル王朝であるイル・ハーン朝の後期に活躍した人物だが、このイル・ハーン朝は、いささか複雑な系譜をもっている。その支配領域はアフガニスタンからイラン高原を中心に現在のトルコ東部にまで延びているが、イル・ハーンとはチンギス・ハーンの孫にあたるフラグ（?～一二六五年）の別称であり、それがのちに君主の号とされる。このフラグが、モンゴル帝国の大ハーンであったモンケに西方への遠征を命じられ、バグダードをはじめ諸都市を次々と落とし、ついに五百年以上もつづいたアッバース朝を亡ぼすことになった。しかし兄のモンケが没し、帝国の後継者争いの激化したことを聞くと、彼はそのままイラン高原にとどまることを決意した。東方のチャガタイ・ハーン国はなし崩し的なこの支配に反発したが、フラグは元朝《げん》クビライ・ハーンを宗主とすることで支配権を確立し、ここに特異なモンゴル政権、正式には「フレグ・ウルス」が生まれることになった。

フラグと彼を継いだ第二代のアバカはイスラームにたいして寛容であり、つづく第三代のアフマドは、その名のとおりムスリムだった。その意味では、この国では早くからイスラームの流れがモンゴル人のあいだにも拡がっていたのである。しかしアバカの子のアルグンはイスラームを排撃し、アフマドを廃することになったが、のちの君主ゲイハトゥの時代になるとモンゴル軍団のイスラーム化が進み、その没後に起こった内乱をガザン・ハーンが収めることになる。それはみずからイスラームに改宗することで軍団の支持を得たからであり、こうしてイル・ハーン国はモンゴルの伝統を保ったままイスラームを保護する王朝の体制を整えるのである。この王朝の姿勢は周辺諸国家にも大きな影響を与えることになり、一種の世界帝国であった大元帝国に特殊な色合いをもたらすことになった。

大元帝国の最大版図は、西はハンガリア、ブルガリア、東ローマ帝国に接し、北は南ロシア、南はインド、東南アジア諸国の一部を包摂するという、史上にもまれな広大な帝国だった。しかし、従来の四大ハーン国からなる大モンゴル連合、すなわちオゴタイ・ハーン国、チャガタイ・ハーン国、キプチャク・ハーン国、イル・ハーン国が世祖クビライ・ハーンの大元帝国を宗主とするかたちで連合が成り立っていたのだけれど、やがて各国の独立性が明確になってくると、大元帝国もクビライ・ハーン国としてモンゴルと中国を支配する一国家としての性格を強くもつようになっていった。だからこそイスラーム的なモンゴル国家としてのイル・ハーン国も成立できたのであり、中国＝モンゴル文化との密接な関係は続いていたが、その一方にトルコ＝モンゴル的な新文化を花開かせもしたのだ。

世界史のはじまり

ラシード・アッディーンはユダヤ系の家に生まれたとされるが、医師としてイラン各地で学んだのち、イル・ハーン朝の宮廷に典医として出仕したとされる。やがてその才をかわれてガザン・ハーンに抜擢され、一種の政治顧問としてイラン社会に適合するモンゴル支配体制の確立に尽力し、このハーン国の君主三代に仕えたが、その権力が大きくなりすぎたためもあるのだろうが、政敵の陰謀にかかって処刑された。しかし、なにより彼の名が今日に伝えられるのは、ペルシア語による『集史』の執筆が重要である。

イラン方面におけるモンゴル政権のフレグ・ウルス［イル・ハーン国］で国家編纂された『集史』は、ヘロドトスの『歴史』、司馬遷《しばせん》の『史記』とならぶ世界史上の三大史書といっていい。一三一〇〜一一年、完成したこの一大歴史書は、「モンゴル史」を柱に、ユダヤ史、アラブ・イスラーム史、フランク史（ヨーロッパ史）、ヒタイ史（中国史）、オグズ史（遊牧民史）、インド史などをふくむ空前の人類史となった。『ジャーミー・アッタヴァーリーフ』（諸史をあつめたもの）、すなわち『集史』と名づけられたのは当然であった。世界と時代の支配者であったモンゴルが、みずからの歴史と世界観をペルシア語でつづらせたモンゴル正史であり、同時にかつてない世界史でもあった。

（杉山正明『遊牧民から見た世界史』日本経済新聞社）

ペルシア語でつづられたこの壮大な歴史書には、残念ながら邦訳がなく、ヨーロッパ諸語への全訳も見あたらないので、ここで直接の引用はできないが（ドーソン『モンゴル帝国史』佐口透訳、平凡社、東洋文庫、に若干の抜粋があり、近年に韓国語への翻訳がなされている）、この史書の記述にしたがって書かれた杉山正明『モンゴル帝国の興亡』（講談社現代新書）を参照して、この史書の書かれた背景をかいつまんで見てみよう。

ガザンが歴史の編纂に熱意を燃やしたのは、遠くイランの地にあって、みずからのモンゴルの血統とのつながりを再確認する必要を痛感したからだった。いわば、彼はユーラシアを貫くように広大な「世界に散らばるモンゴル共同体のすべての者たちに、広くモンゴルたることの自覚を呼び覚まそうとした」のである。そこでモンゴル帝室に共有の秘密の史書や系譜、口伝などさまざまな資料をもとに執筆がはじまったのだが、その「核心部分についてはモンゴルの諸事や秘事を熟知していたガザン自身の口述に基づくところが大きかった」。こうして完成したのが『集史』の第一巻にあたる「モンゴル史」であり、モンゴル民族の歩みを正確に位置づけることをめざすとともに、またガザンにいたる複雑な系譜を整理しなおすことで、みずからの王位の正当性をも主張しようとするものであった。しかしガザンは、わずか三十三歳の若さで世を去り、この書の完成を見ることはなかった。この書が一三〇六年に完成すると、第八代の君主となったオルジェイトゥは、さらに「このモンゴル史の他に、当時の世界の〝種族〟の歴史も追加編纂するよう、ラシード・アッディーンに依頼した」。そこで彼は、イランにいる学者ばかりか、中国やカシュミールなどの仏僧、またキリスト教徒やユダヤ人の学者なども集め、多彩な歴史の編纂にふたたび乗りだしたのである。

ここに、ガザンの「モンゴル史」を中核に、さまざまな「世界」の諸地域の歴史をより集めた一大史書が、出現した。それは、モンゴルを中心とする「世界」をもはや当然の前提にし、そこに至る「世界の歴史」を、史上初めて体系化しようとするものであった。そしてまた、ガザンによる「モンゴル史」とオルジェイトゥによる「世界史」とのあいだには、モンゴル帝国そのものの甚大なる変化が、背景として存在する。

この第二巻の完成は一三一〇年であり、ここに『集史』の名があたえられた。草原の英雄テムジンがチンギス・ハーンの名をもって即位してから、およそ百年がすぎようとしたころだった。まさしく激動の一世紀だったが、この間に東アジア、中央アジア、北アジア、そして西アジアへと勢力を拡大してきたモンゴルであればこそ、中国からヨーロッパにいたる歴史の糸をつないでみせることもできたのである。まさしく世界史はここにはじまる。

テムジンを継ぐ者たち

チンギス・ハーンの後継者となったのは、その第三子にあたるオゴタイ・ハーンであり、即位は一二二八年のことであった。このときオゴタイは父の拓いた大モンゴル帝国の統治をとおして父の理想の実現を決意し、それを次のような五大事業としてまとめあげた。すなわち、(1)大法令の発布、(2)金国の討伐、(3)国都の造営、(4)ヨーロッパ大遠征、(5)駅伝制の整備、がそれにほかならない（田村實造『アジア史を考える』中央公論新社）。国都の造営は、オルホン河畔のカラコルムにおいておこなわれたが、都城の周囲は五里あり、万安宮という中国風の宮殿と、ゲゲン・チャガンと呼ばれるイラン風の殿舎が別の離れた場所にあった。田村はここで、一二五四年ころにこの地を訪れたフランシスコ会の宣教師ルブルックが残した記述を引いている。

カラコルムの都には大きな街区が二つある。一はサラセン人（イスラーム教徒）が居留し、他は中国人が住んでいる。前者には市場があっておおくの商人が住み、後者の住民は工匠が多い。この区域のほかに、貴族の邸宅や諸宗派の寺院が建ち列《なら》ぶ。仏寺は十二、イスラーム寺院は二、また町はずれにクリスト教寺院が一つある。

またこの宣教師は、ロシアの金細工職人やパリから来た工芸家、ドイツ人の鉱夫などについても語っていて、この時代からカラコルムが世界各地の人材や物産が往来するような国際都市であったという。やがてフビライの時代になって都は北京（大都）に遷都されるが、その壮麗さについてはマルコ・ポーロの証言がある。

この宮殿は世界で今までたてられた宮殿のうち、最大のものである。その北側は外壁につらなり、南側には貴族や軍人の往来している広場がある。……屋根は非常に高く、宮殿の壁は金銀でおおわれ、金メッキされた浮彫《うきぼり》の竜や、鳥獣、騎士、偶像など、さまざまの絵画でかざられている。天井も金銀や色彩にみちている。……建物も大きく壮麗で、屋根は赤、青、黄、緑などの色でぬられ、水晶のかがやくような釉薬《うわぐすり》がかけられ、はるか遠方からも宮殿のかがやくのが見える。

（『東方見聞録』青木富太郎訳、社会思想社、現代教養文庫）

そのことばの真偽はわからないけれども、モンゴル帝国の中心に巨大な城塞が建っていたことは想像できる。

さてオゴタイは、一二三四年に南ロシアと東ヨーロッパに向けて大遠征隊を送り、一二四一年にはポーランド、ハンガリアの軍を撃破している。このように長く伸びた戦線を確保するために駅伝の制が必要だったのであり、馬行一日程ごとに一舎が設けられ、旅行許可証にあたる牌子《パイズ》や特許状の携帯が義務づけられていた。基本的には公務で往来する使者の利用するためのものだったが、海外からの使節も利用でき、先の宣教師ルブルックもフランス国王の使節として駅伝を活用したようだ。ふたたびマルコ・ポーロによれば、換え馬や必要な物資を備えた馬駅は全国でおよそ一万以上あったという。それは軍事面からの必要だけではなく、いわば文化を伝達するネットワークでもあった。

クビライの国家構想の眼目は、モンゴル伝統の「草原の軍事力」に、ユーラシア世界最大の「中華の経済力」を合体させ、さらに従来からモンゴルとは共生にちかい関係にあった「ムスリムの商業力」を全面活用した経済支配という新方式であった。……ここに、モンゴルは、軍事拡大の時代から経済・経営の時代へと、大きくシフトした。そして、ユーラシア世界もまた、多極化・安定化したモンゴル帝国を軸に、ゆっくりと平和共存と経済重視の時代へむかったのである。

（『遊牧民から見た世界史』）

そしてこのネットワークのうえにあればこそ、ラシードらの『集史』も立ちあがることができたのだ。

アジアの嵐

チンギス・ハーンが一代でなした怒濤のような西への走りは、のちに「アジアの嵐」という異名を西欧にうることになった。その走りの実相をここで述べる余裕はないけれども、すでに語ってきた北方遊牧民たちの駆けめぐりからもわかるように、彼らは十分にアジアの文化をシャッフルしてきた。時に人を分断し、時に壊滅させ、そして時に優遇し、もてなし、名を広めさせ、その特性を伸ばすことに力を貸した。おそらくは、そうしたふるまいのひとつひとつがすでに「歴史」を刻む行為であったはずなのだが、ヘロドトスとも司馬遷ともちがって、それは輻輳《ふくそう》する歴史、交通する歴史でなければならなかった。いいかえれば『集史』とは無数のヘロドトスたちの声の交錯からできているのである。

やがて十四世紀の終わりにイブン・ハルドゥーンがあらわれて、膨大な世界史『イバルの書』を執筆するが、その序文にあたるのが高名な『歴史序説』（森本公誠訳、岩波文庫）である。そこで展開されているのは一種の社会理論であり、歴史を「思索であり、真理の探求であり、存在物そのものやその起源の詳細な説明であり……したがって哲学の一分派にかぞえるのが適切である」と述べる。そして彼は都会（文明）と砂漠（遊牧民）との果てしない弁証法的な闘争に言い及ぶのだが、そこに『集史』に記された無数のエピソードは響きあっているのだろうか。アジアの歴史は、まだ語られはじめたばかりである。

実像をあらわすアジア

空想から科学へ

かつて中央アジアは、その国や都市の名前こそ広く知られていたものの、外国人（とりわけ西欧人）には入国することがきわめてむずかしかったようだ。たとえば金子民雄『動乱の中央アジア探検』（朝日文庫）によれば、

［中央アジアの都市である］ブハラの藩主《アミール》は狂信的なまでに排他主義者で、ヨーロッパ人を寄せつけなかった。運よく入れた者も、一九世紀になるまでわずかに数えるほどしかいなかった。一三世紀に有名なマルコ・ポーロの父ニコロ兄弟、ついで［一四〇四年にカスティリア王エンリケ三世の命を受け、外交使節としてティムール帝に派遣された］ゴンザレス・デ・クラヴ

イホ、それから一五〇年の空白を置いて、英国の商人アンソニー・ジェンキンソンが一五五八年にこの町を訪れた。さらにその二〇〇年の歳月のあと、一七三二年にハーバーが、続いて一七四一年にジョージ・トンプソンが訪れている。

といった具合であったようだ。したがって、中央アジアは長く他国の人々にとっては闇に閉ざされていて、その実相が知られるようになるには十九世紀の到来を待たねばならなかった。こうした地域における最初の学術調査は、一八二九年におこなわれたドイツの地理学者フンボルトによるロシア領アジアの調査であった。のちにフランス語で記されたこの調査の報告書『中央アジア』全三巻（一八四三年）が刊行されたが、金子民雄も指摘するように、おそらくこの書名こそ、中央アジアという語が使われたもっとも早い例だろうと思われる。じつにアジアはまだ、きわめて空想的な空間だったのである。

たとえばポルトガルの宣教師ガスパール・ダ・クルスが書き残した中国旅行の報告書『中国誌』（日埜博司訳、講談社学術文庫）が、一五六九年から翌年にかけて刊行されている。きわめて詳細な見聞を記録していることで貴重な文書だが、そのなかでインドに存在すると当時ヨーロッパで信じられていた「口がすごく小さくて、食べ物は念入りにすり潰した後、管で吸いあげる人間のことやら、頭上に上げると、頭が陰に隠れてしまうほど巨大な脚を持つ人間のことやら」を絵空事であると真剣に書いている。後者のイメージは古代ギリシアでも「スキアポデス」の名で知られており、巨大な脚を頭上にかざし、暑い日射しを避けていると伝えられる。こうした空想のアジアに導かれ、十九世紀にはいると多くの人々がアジアに向けて冒険的な旅を敢行している。

その群像については先に引いた金子民雄の書物にあたっていただきたいが、一例のみ簡単に触れておこう。ハンガリーに生まれたアルミニウス・ヴァーンベーリは、貧しいユダヤ系の家に育ち、苦学して語学を学んだのちペルシアに旅し、外国人を排斥していたトルキスタンに潜入した。彼は足が不自由だったが、卓越する語学力をもっていたので、托鉢僧《たくはつ》に変装し、キャラバンにもぐりこんで各地を放浪した。いくども死の危機に直面しながら、かろうじて帰国した彼は旅行記を執筆している。それが『ペルシア放浪記』（小林高四郎・杉本正年訳、平凡社、東洋文庫）だが、なかでペルシアの悲惨な奴隷売買を詳細に記述して、帰国後もこの問題を訴えつづけた。若き日のスヴェン・ヘディンは、この書物に感動してアジア学をめざしたといわれているが、学会からは学問的でないとの批判が多かったという。

戦火のなかで

ドイツの地理学者リヒトホーフェンは、一八六〇年から中国を中心として精力的に東アジアの調査をおこない、その成果を『中国』全五巻（一八七七～一九一二年）として刊行したが、これまで何度か述べてきたように、なによりそのなかで中国の西域通商路を「シルクロード」と名づけたことで知られている。この先駆的な学者にベルリン大学で学んだのがスウェーデン出身のヘディンであり、彼の四度にわたる中央アジア調査は、中央アジアの科学的調査にかかわる根本的な基礎を築くことになった。たとえばそれは楼蘭《ろうらん》遺跡の発見であり、「さまよえる湖」と呼ばれるロプ・ノールの発見であり、チベット奥地にあるインダス河の源流の発見などであった。

彼の調査報告は一九三七年から刊行され、全五十五巻におよぶ膨大なものである（その一部は『ヘディン探検紀行全集』白水社、などに邦訳がある）。最後の調査を終えて故国に戻った彼は、いわば英雄のようにして国民に迎えられたが、そのときのことを、彼はこのように書いている。

> 一九三五年四月一五日、私たちはふたたびスウェーデンの国土を踏んだ。……私がはじめて故郷を離れて以来、ちょうど半世紀が過ぎていた。全生涯を私はアジア暗黒部の踏査に捧げたことになる。
>
> （ヘディン『シルクロード』福田宏年訳、岩波文庫）

とはいえそれは、徐々に進行する世界大戦のきざしのもとでの困難な調査でもあった。まさしく本書は、日本軍の熱河侵入（一九三三年一月）の報告からはじまっているのである。満州事変（一九三一年九月）から日本の国際連盟脱退、また中国共産党の躍進などを経て、中国は混乱の極みにあった。ロシア軍の南下も危惧されるし、南京政府の動向も反乱勢力の暴動も不穏である。

いま南京政府軍がほんとうに今日にもハミを占領し、さらにウルムチへ進撃してくるかもしれないとすれば、いったいわが探検隊の立場はどうなるのであろう？　探検隊の大部分とすべてのトラックはいまクム・ダリヤ河畔にいる。しかし責任者であり隊長である私と中国人技術者の尤《ゆう》はウルムチにいる。わが探検隊が、輸送隊やトラックを従えた南京政府軍のために、車の通れる道路の測量に先遣されたと疑われても、至極当然であった。クム・ダリヤに帰る許可が貰えない理由も、それであろうか？　私たちをかけがえのない人質に使えると踏んでいるのであろうか？　もしほんとうにある日南京からの軍隊がウルムチ郊外に現われたら、尤と私はいとも簡単に逮捕されるか射殺されるのではなかろうか？　……私たちの立場はあまり気持のいいものではない。

（同書）

つまり、こうした状況のもとで、アジアの実相は発見されてきたのだ。すでにアジアが、みずからの歴史と地理をくわしく調査してきたことは確かなことなのだが、そこにヨーロッパの近代科学が入りこむことは、じつに困難だったのである。「アジア暗黒部」とは、誇張ではなかった。

しかし一方で、こうした冒険家や学術調査団がアジアにたいする軍事的な調査を秘めていたことも、また事実であった。中央アジアを盛んに調査し、リヒトホーフェンと学術的に対立したロシアのニコライ・プルジェワリスキーは軍人であり、シベリア、モンゴルの踏査などを踏まえたうえで、ロプ・ノール調査、チベット調査などを数次にわたっておこなっている。探検家としての彼は、数多くの植物や動物の標本を収集し、地理学的な報告も数多く記している。彼じしんは探検家として葬られることを希望し、またリヒトホーフェン、ヘディンなども彼を天才的な探検家として讃えたが、少なくともロシアの場合、多くの初期アジア調査が軍人によっておこなわれたことは事実である。

黒澤明をはじめとしていくたびも映画化された名著『デルス・ウザーラ』は、ロシアの作家のウラジーミル・アルセーニエフの作品だが、彼は三度にわたってロシア極東地方の地理学的・人類学的調査をおこなっており、さまざまな民族の民話や生活習慣を調査している。しかし、彼の報告書は『ウスリー地方の軍事・地理学的および軍事・統計学的概論』（一九一二年）という表題であって、これは北アジアの調査だが、このような科学的調査が軍事的な意味合いを強くもっていたことを意識させる。

日本における東洋史の発生

日本におけるアジア観の展開は、司馬遷《しばせん》『史記』にはじまる中国正史がその基礎にあり、いわば漢学の一環としてさまざまな研究が古代から多様になされてきた。とはいうものの、中国以西の事柄については、あくまで中国の情報からの類推にすぎないもので、かなり早い時代からアジアの状況について知識をもっていたとはいえ、具体的な情報には乏しかったといわざるをえない。日本にも中国伝来のさまざまな博物誌的な情報があり――李時珍『本草綱目《ほんぞうこうもく》』および寺島良安『倭漢三才図会《わかんさんさいずえ》』がその中心に位置するだろう――地理学的な情報も伝わっていたが、それはいまだ十分なものではなかった。

新井白石のように先見的なアジア観をもった人物もいたけれども、彼の得た知識は機密情報であって、公に共有しうるものではなかった。たとえば彼の著作である『西洋紀聞』のことを考えてみればいい。この著作は、一七〇八年に布教のために日本侵入をもくろんだイタリア人司祭シドッチが屋久島で捕獲され、幕命によって白石が彼を尋問した記録なのである。三巻からなるその記録は、上巻はまさしく不法入国に関する尋問であり、下巻はキリスト教に関する尋問なのだが、中巻は五大州についての聞き取りであり、アジアを含む世界情勢についての情報収集の観がある。ここから成立した『西洋紀聞』や『采覧異言《さいらんいげん》』といった著作のなかで、たとえば彼は正確なイスラームの情報なども得ていて、じつに興味ぶかいのだけれども、いかんせん、それはいまだに正確なアジア情報ではなかったのだ。

まさしくアジアという視点から歴史と現状にたいする情報を収集しようとする機運が生まれた

のは、明治以降の近代化という国家的な施策のもとにおいてである。そのはじまりが那珂通世《なかみちよ》や内藤湖南、桑原隲蔵《じつぞう》などによる東洋史学の提唱であり、東京帝国大学や京都帝国大学における東洋史学講座の設立であった。彼らは旧来の漢学から脱却して一種のアジア学をめざしたうえで、大胆に西欧の成果を導入しつつ、独自のアジア観を生みだそうとした。また桑原は中国における文化史的な調査をおこない、それを記録に残した(『考史遊記』岩波文庫)。日本によるアジア文化のフィールドワークのはじまりである。なかに山東省でユダヤ寺院の廃墟を訪れた記述があり、ただ一個の石碑のみ残ることを記した後、彼はこう書いている。

元代《げん》に大都(今の北京)にユダヤ人の存在せしことは、マルコ・ポーロ等の言明する所。この碑の記事と対照して、宋・元の際ユダヤ人の各処に散在せしことを知るべし。ただ支那の史籍のユダヤ教に関する記事ほとんど闕如《けつじょ》たり。従いて支那の学者のこの問題を攻究するものなく、たといこれあるも、彼らはユダヤ教・景教［ネストリウス教］・祆教《けんきょう》［ゾロアスター教］・天主教［キリスト教］につきて何らの区別を有せざるが故に、その諸説一も採るに足らず。ユダヤ教に関する支那方面の根本資料はほとんどこの一碑あるのみ。その片言隻句《へんげんせっく》もまた珍重するに足る。憾《うらむ》らくは官民毫《ごう》も愛護の意なく、これを卑湿沮洳《ひしつしょじょ》の地に置きて、自然の破壊に委ぬることを。

これは一九〇七年ころの記述だが、すでにユーラシアの彼方にまで眼を見晴るかしていることに注目したい。

アジア主義

しかし、こうしたアジア世界への関心とアジアの一員としての日本の立場への自覚は、やはり一方に軍事的な側面を導きこんでいたことは事実である。東洋史の設立にかかわった学者の一部が、日本のアジア侵略にたいして理論的に荷担したことは否定できないし、いま読めばすさまじいほどに国粋主義的な著書、論文や発言のあったことも事実である。たとえば、日本を盟主とする東アジアの広域ブロック化の構想として唱えられた「大東亜共栄圏」構想のことを思い出してみればいいだろう。こうした姿勢が表明されたのは一九四〇年のことだが、それ以前から中国はもとより東南アジア、オセアニアを含む軍事的なアジア同盟の発想は語られており、たとえばその スローガンである「五族協和」、すなわち漢族・満州族・蒙古族・朝鮮族・日本人からなる満州国の設立などに日本軍部のアジア観があらわれている。これは、中国の孫文の起こした辛亥革命《しんがい》のおりに、新たな国家像として「五族共和」が唱えられたことに呼応しているが、孫文は、漢族・満州族・蒙古族・回族［イスラーム教徒］・チベット族の民族共和を主張したのである。こうした中国じしんによる意識改革を逆手にとった日本のアジア統一構想は、やがて崩壊するにいたるのだが、それについては述べるまでもあるまい。ここに日本のアジア観は毀《こわ》れたのである。

科学的に踏査されはじめた当時の奥深いアジアは、同時に崩れゆく文化の空間でもあった。まさに最後の瞬間においてアジアはみずからの懐を見せた観もある。いまアジアなる語を使えるというのも、十九世紀という冒険家の時代と二十世紀という科学調査の時代を経験しているからこそ、はじめて可能なことだったと感ぜざるをえない。

アジアからアジアへ

浮遊するアジア

学術研究文献の総合的な検索システムWebcatのホームページ（http://webcat.nii.ac.jp/）で「アジア」の語を含むタイトルを調べると九三七〇件、「asia」では一万四四二五件を見つけることができた（二〇〇三年末）。再版や復刻などで重複がある一方、一般書で採られていない書目も多くあるから、この数字はさらに増加するだろう。とある書店のホームページから調べてみると、「アジア」で一万四八七〇冊あまりの書目があり、欧文では七万三三二〇冊を超える書目がヒットした。ここには旅行ガイドや料理書なども含むのだが、だいたい現在に流通している書目はこのような数字だろうか。日本語と英語でざっと一〇万冊、フランス語や中国語などを加えれば、アジアについて語る書物はさらに倍加するだろう。しかし、ここで調べてみた数字は単に表題に

「アジア」という語を含むものに限られているのだから、現実には無数のアジア関連の書物が世界で刊行されていることになる。さらに古書や論文のことなどを考えてみると、もはや個人の対峙しうるものではない。あたりまえのことではあるが。ちなみに書籍以外の項目も含めて「アジア」という語でネット全体を検索してみたら四一〇万件があがった。いちいち見る気もしない。

このようなインターネットの時代には、アジアということばは拡張し、拡散し、微妙な濃淡をつけながら、ある部分では新たな意味を生みだし、ある部分では本来の意味を失って消えゆこうとしているかのようだ。すでにアジアとは地理的・空間的な概念ではなく、茫漠たるイメージとして浮遊しているかに見える。アジアという語は、いまやコンビニのキーワードにすぎない。とはいえ、こうした語としてのアジアの氾濫は、本当にここ数年にあらわれてきた現象なのだ。これまでも少し触れてきたように、第二次世界大戦後、永くアジアという語はくさびのように人々の脳裏に悪しき記憶として打ち込まれ、口にするのをはばかる傾向もあった。もちろんすべての人々がそうだったというのではなく、むしろごく限られた人々の思いだったかもしれないが、いわばそのときアジアは、しっかりとピンで留められた動かしようのない時間的記憶だったのである。

脱「脱亜論」

一九六〇年代前後になると、いわゆる「脱亜論」が歴史学の問題として注目されるようになった。いうまでもなくこのことばは、福沢諭吉が一八八五年に『時事新報』の社説として書いた小文の表題から来るものであり、近代の西欧文明を基礎とする列強のアジアへの進出をくいとめるには、早急に西欧文明を吸収し、その一方でアジアの旧弊から脱しなければならない、という主旨のものであった。しばしば「脱亜入欧」ともいわれる。もちろん福沢には、巨大な危機を迎える状況のなかで、日本をどのように欧米に比する国家として立ちあげるかという課題があった。このことばをとらえて、戦後の日本は、脱亜論を興亜論（アジア主義）と対置させたうえで、近代日本の外交姿勢を貫く二大潮流として見ようとしたのである。その一方に欧米では、二十世紀初頭に黄色人種がやがて世界に厄災をもたらすだろうとの説（黄禍論）がおこり、かえってアジアの反発を招いていた事情もある。岡倉天心が「アジアはひとつである」という有名な一文にはじまる『東邦の理想』を英文で出版したのは一九〇三年のことだったが、そこには明らかにこのような欧米のアジア観に向きあおうとする姿勢がひそんでいる。

とはいえ天心のこの著作が翻訳されたのは一九四三年であり、より激烈なナショナリズムを噴出させた『東洋の目覚め』は、生前には公表を拒んでいたものの、天心の死後二十一年を経た一九三四年に公刊されている。「アジアの兄弟姉妹たちよ。大いなる苦悩がわれわれの父祖の地に横たわっている。東洋は衰退の同義語となった。その生民とは奴隷の渾名《あだな》である」と書きだされるこの著作は、不幸なことに、アジア主義に利用されるかたちで流布しつづけ、いまだ天心その人の真意に返されていない観がある。たとえば一九四〇年に刊行された『東洋文化史大系』「清《しん》代のアジヤ」（誠文堂新光社）に見える次のような一文と時代的に併置されることによって。

日露戦争の結果はただに滔々《とうとう》たる西力東漸の怒濤を喰止めてはね返しただけではなく、有色人種一般の覚醒を促した。衰残の清朝は末期の改革運動もついに成功せずして亡んだけれども、東亜の魂はついに滅せず、日本の興隆はこれより争われずして、有色民族一般の希望となったのである。

一九六〇年代の脱亜論への注目は、こうした姿勢のもとに日本がアジアを脱し、その一方で「アジアの盟主」としてアジアへの侵入をおこない、孤立化していったことへの反省がもとにあった。しかし脱亜とは何だったのか、その答えはまだ明確ではない。脱亜という問題からきちんと身を抜け出させるには、天心らの文章の読み直しも含めて、あらためて向きあわねばならない課題があるはずだ。

ネットワークとしてのアジア

このように戦後の日本で再燃した近代日本のアジア観に触れたのは、同じころ、アジアをめぐる国際会議がいくつも開催されているからである。大戦終結から二十年あまりのあいだ、一挙に多くの独立国が誕生したが、その多くはアジアとアフリカにあった。しかし戦後の経済復興は困難だったし、独立後も紛争はたえなかった。こうした状況を打開するために開かれた国際会議のひとつに、一九五五年に開催されたアジア・アフリカ会議がある。アジアから二十三ヵ国、アフリカから五ヵ国を招集してインドネシアのバンドンでおこなわれたこの会議では、アジア・アフリカにおける平和十原則が採択された。以下、それを列挙すると、(1)人権と国連憲章の尊重、(2)主権と領土の尊重、(3)人種・国家の平等、(4)内政不干渉、(5)自衛権の尊重、(6)大国主義反対、(7)侵略主義反対、(8)国際紛争の平和的解決、(9)相互協力の増進、(10)正義と国際義務の尊重、というものである。平和な地域の拡大と東西間の緊張緩和がその大きな主題だったが、この歴史的な会議によってアジア・アフリカの連帯感がおおいに強まったことは事実であって、その後の数々の独立運動にも多大な影響を与えている。その背景には、一九四六年以来つづいていたヴェトナム戦争の問題があり（この戦争の終結は一九七五年である）、社会主義国家の台頭にともなう冷戦構造と軍事競争という緊張関係があった。最初に述べたネット社会のなかのアジアがゆるやかに拡散するやわらかいアジアだとすれば、六〇年代から八〇年代にかけてのアジアは、さまざまな国際関係の矛盾を解決するために、きわめて緊密で現実的なネットワークを必要としていた。アジア・アフリカ会議で確認された平和原則は、しばしばバンドン精神とも呼ばれることもある。時代と環境は大きく変わったが、この精神はまだ生きているだろうか。

もちろんぼくがいいたいのは、アジアの現代史のことではない。アジアということばの意味がふくらんだりちぢんだりしながらも、それは生きつづけ、これからも生きてゆくだろうということだ。すでに触れたように、アジアという名称は外から（地中海世界から）与えられたものであって、アジア自身がその名を知り、やがて自称とするまでには、とても長い時間がかかっている。しかし、その自称が近代に入って急速に拡大し、重い意味を担わされ、そして急転回を遂げて現在にいたっている、そのことは確認しておかなければならない。戦時下の若者たちは戦地への出征としてアジアを経験しただろうし、一九五〇年代に生まれた者の多くは、ヴェトナム戦争をとおしてアジアを見出したのかもしれない。アジアを知る経緯は、人それぞれだろう。しかし悲惨な戦争をとおしてその空間を見出した者にとって、その焼きつけられたイメージは（それをアジアと呼ぼうと呼ぶまいと）いつまでもリアルなままである。

だが、その一方、一九八〇年代になって、地上からアジアに触れようとする人々が出てきた。はるかな歴史書でもなく高みにある政治理論でもなく、なまなましいアジアにまっすぐ降り立ち、みずからの脚で歩きはじめようとする人々である。かつてなら金子光晴のような人を思い浮かべるのだが、この新しいアジア放浪者の典型といえば、たとえば沢木耕太郎『深夜特急』(新潮文庫)であるとか藤原新也『全東洋街道』(集英社文庫)などを手に取ってみればいい。そしてその背景には、無名の若者たちが歓喜に目を見張ったり挫折に打ちひしがれたりしながら歩き回る群像が見えてくるはずだ。ここには新しいアジアのイメージがある。

オリエンタリズム批判

かつてポール・ヴァレリーはオリエンタリズムについて、するどい皮肉をこめつつ、ロジェ・ブゾンブの著書『芸術と思想における異国趣味《エキゾチスム》』(一九五三年)への序文にこう書きつけている。

〈オリエント〉という言葉に無類の力を発揮させるには、何にもましてオリエントと呼ばれるあの定かならぬ地に足を踏み入れぬことが必要です。絵や報告や講演などで、不正確な、とりとめのない、混乱した知識を得るのが最上というもの。そのとき夢の素材が十分にそろうのです。これに加えて時間と空間、エセの真実と、いつわりの事実、ちょっとした瑣事から不完全な眺望がまじりあって、心のオリエントが完成するのです。

ここでいうオリエントとは、エジプトなども含む広義のアジアと見ていいが、この文章を引用するシュテファン・コッペルカム『幻想のオリエント』(池内紀《おさむ》他訳、鹿島出版会)は、その心情をこう分析する。「ヨーロッパ人にとって、異文化世界をわがものとして同化する二つの可能性があった。一つはわれとわが身で体験すること。いま一つは空想すること。ピエール・ロチのように旅するか、ルートヴィヒ二世のようにじっと動かないか」。けれども、異文化を旅する実体験のなかにもさまざまな空想が忍び入り、伝統的な記憶が体験にまさって「過去の目が現在の眼差しにとって代わる」ことが多かったとも指摘する。そしてこうした東洋観への矛盾については、ゲーテの名作『西東詩集』(一八一九年)やユゴーの『東方詩集』(一八二九年)といえども例外ではないだろう。

この東方への矛盾した視点を徹底的に暴いたのが、エドワード・サイード『オリエンタリズム』(今沢紀子訳、平凡社ライブラリー)にほかならない。パレスティナ出身のアメリカの批評家サイードによって一九七八年に書かれたこの書は、基本的に「ヨーロッパのオリエントにたいする思考と支配の様式」の分析である。西欧はオリエント(アジア)にたいする他者として自己を措定し、そこから東洋にたいして負の価値を押しつけ、自己を正当化してきた歴史があるというのである。しかし、これを単純にアジア的立場から見た西欧批判として理解してはならない。いわば「オリエンタリズム」批判とは、近代西欧の東洋観に見る異文化や異民族、マイノリティにたいする偏狭な価値観への批判なのであり、逆に「オクシデンタリズム」批判もありうるということではないか。それは批判でなくてはならない。サイードもまた、かつて西欧に「東洋人」と規定された人々が、みずからの歴史に照らして新たに対比的な「東洋人」（つまりは「西洋人」）を規定したからといって、なんの意味があるだろうかという。「もしオリエンタリズムを知ることに何らかの意味があるとすれば、それは、知識が誘惑にのって堕落した姿を思いおこさせてくれる点にある」。近代の見つめてきたアジアは、知の罠なのだろうか。

これからのアジア

アジアという語をめぐる混乱は、したがって、いまはじまったばかりなのだ。この章の冒頭に述べたインターネット空間におけるアジアなる語の氾濫は、健全ではないが不健全でもない。誰もがいうように、見かけ上とはいえ、これほどの開放系となってしまった情報社会においては一単語にたいする厳格な規定など存在しないし、意味もない。その語の意味を求める姿勢において、ただのほほんとして受けとめているだけでいいのかどうか、それを問いかけているにすぎない。八〇年代に生まれた新たなアジア放浪者たちの楽しげなアジア体験は、たちまちさまざまな政治変動によって道筋を断ち切られ、地上ルートでユーラシアを横断することは当分できそうにない。かつてロンドンのとある一画にぽつんとバス停の看板が立っていて、ただ「デリー行き」と書いてあったという。しかし、そんなセピア色の写真を懐かしんではならないのだ。誰でもいい。東京の片隅に「ロンドン行き」の小さなバス案内を出してもらいたい。それこそ、これからアジアを発見し、作りだし、発信してゆくための新たな里程標となるだろう。

そして、アジアとはなにか——あとがきにかえて

アジアとはなにか。

この相当に大胆なタイトルをもつ連載を求められ、これを脳天気に引き受ける自分もどうかと思うのだが、ともかく二年二十四回を雑誌『月刊しにか』（大修館書店）に書きつづってきた。もちろんぼくは、壮大なアジア全史を書くつもりはなかったし、その能力もなく、また一方、アジアという概念をめぐる根本批判を展開する気もなかった。自分にできることといえば、いまアジアを考えるための基本的な補助線を引いておくくらいのことである。引用の多くを一般読者が比較的にアプローチしやすい文庫・新書などからとしたのも、そうした狙いからである。

アジアを論じた書物は数多く、旅行記から料理書、あるいは歴史や人類学調査など、学術的なものであるにせよないにせよ、アジア研究は数えきれないほど存在する。これもまた八〇年代以降のアジア観の変換に基盤をもつものだが、たとえば手元に『アジア建築研究』（ＩＮＡＸ出版）

という一冊があり、アジアの建築や都市計画のなかに見られる歴史的な同一性と差異性が論じられている。本書の監修者である村松伸は、ここに収められた「アジア建築史をいかに構想するか」のなかで、日本近代建築の草分けともいうべき伊東忠太の功績に触れて、次のように述べている。

昭和三年、啓明会が開催した東洋芸術展覧会で伊東は、「東洋芸術の系統」という講演をしている。その中で「アジアは一なり」という岡倉〔天心〕の標語を伊東は、引用している。膨大な著作の中でも最初で最後であった。琉球からエジプト、アフリカまでの芸術を見ると、アジアはひとつだと感じる、という主旨のその講演はやや飛躍している感がある。表層は千差万別なのだが、その奥底にある「精神」がひとつだという。しかし、アジアを歩いた伊東が実感としてもっていたのは……バラバラの建築状況、バラバラの世界にすぎなかったのではないのか。これもひと事ではない。「アジア」とは言いながら、あるいは「アジア建築」と言いながら、その実態、全体の構造を十全に示すことは困難極まりない。

伊東忠太は、一九〇二年から三年間をかけてアジアを横断し、各地の建築を調査するとともに、詳細なフィールドノートを残している。欧米建築の研究を政府から要請されての海外行きだったのに、彼はヨーロッパへ向かうことを拒否し、くりかえしの要請を受けてしかたなくパリやロンドンをごく短い期間のみ訪問したという。しかし、彼のユーラシア横断旅行の根本はアジア建築の視察にあり、たとえば今日では有名な雲崗《うんこう》の仏龕《ぶつがん》石窟を最初に世界に紹介したのは伊東の功績である。もちろん彼の旅は、当時の日本におけるアジア発見の旅の機運に導かれてのものだったろう。村松の列挙にしたがっておくなら、西徳二郎《とくじろう》、福島安正、鳥居龍蔵、河口慧海《えかい》、大谷光瑞《こうずい》などの探検家やら冒険家の数々が伊東忠太とならんで数えあげられるべきである。しかし、おそらく彼らの感じたアジアなるものは、それが都市であれ砂漠であれ、それぞれにバラバラのアジアではなかったろうか。

また別の視点からになるが、ポップ・ミュージックの世界で、あらためてアジアがとりあげられるようになったのも、やはりこの時代だった。誰が本当の先駆かは詮索しえないが、たとえばその先駆けのひとりはユーミン、松任谷由実のアルバム『水の中のＡＳＩＡへ』（一九八一年）かもしれない。戦前の李香蘭《りこうらん》やら満州帝国を舞台にしたあれこれの歌謡については、ここでは言及すまい。あるいは北原白秋『キタイスカヤ』のような、さまざまなアジア詩篇についても、ここでは沈黙しよう。戦前の民衆歌謡におけるアジアへの接近は、これはこれで重要な課題だと思う。しかし、ともかくユーミンのアジアへの接近は、とても大切なモメントとなったし、シルクロードをめざした若者たちの冒険志向とは別の新たなアジアを描いてみせたと思う。だが、気分としてのアジアを決定的に位置づけたのは、ＰＵＦＦＹ『アジアの純真』（一九九六年）ではなかったろうか。その詞（作詞・井上陽水）を見てみよう。

北京　ベルリン　ダブリン　リベリア
　束になって　輪になって
イラン　アフガン　聴かせて　バラライカ

美人　アリラン　ガムラン　ラザニア
　マウスだって　キーになって
気分　イレブン　アクセス　試そうか

　開けドアー
　　今はもう
　　　流れでたら　アジア

よく見れば、地理学的には無茶苦茶なアジアなのだが、歌としての韻を踏む必要があったにしても、それは広いアジアであって、どこだってアジアだというぼくの気分にはあう。東から陽の昇る場所はどこだってアジアなのだ、というのがぼくの意見なのであって、ということは世界はすべてアジアなのだ。だが、それはともかく、ここで「開けドアー／今はもう／流れでたらアジア」と歌われているアジアとはなんなのだろうか。ちなみにこの歌の作曲は奥田民生であって、曲想にはさほどのアジア色はないものの、ここでアジアという観念を売りにしようという強い意欲の生きていたことはよくわかる。いうまでもないことだが、「気分／イレブン」という部分は、明らかに「セブン／イレブン」という語感を意識しているのだろうし、アジアのさまざまな都市にこうしたコンビニエンス・ストアが乱立していることは、否定しようもない状況だった。まさしく本当にさまざまな意味において「今はもう／アジア」だったのだ。

しかしアジアの状況は、ここ数年で劇的に変化してしまった。ぼくもこの連載を書くあいだ、状況にかかわったり個人的な感想を記したりすることを控えていたが、たまたまイラク戦争が生じたときにバグダードの成立について書くことになり（「平和の都、バグダード」）、アフガニスタン問題のときもそうだったのだが、とても困惑してしまった。もちろんぼくは、いささか皮肉な表現を使いながらも、現実の事態について言及することはしなかった。自分が現況にたいしてあれこれ言いたてる場はさまざまにあり、つねづねそれを発言してきた。この誌面は、そういう場ではなかったと思うし、むしろ問題の根本を考えてもらう空間を提供したいと願っていた。ただ、そういう時期にこれらの語句が書かれたのであることは記憶していただきたい。日本がアジアという空間のなかで何をしてきたのか、これから何ができるのか、それを深く問われてきた時期にこれらのことばが書かれたことに、ぼくは自分のことながら、あらためて驚いている。すでにポップなアジアは失われてしまった（雑誌『ＷＡＶＥ』（ペヨトル工房）のアジア特集号「ポップ・エイジア」の刊行は一九九〇年だった）。経済的な文化交換はますます加速するとは思うが（たとえば韓国における日本メディアの一部開放のように）、そんなことはインターネット上でとっくの昔に開放されていたのであって、むしろ日本の方がはるかに閉鎖的空間となっている（たとえば携帯電話の国際化の遅れ）。どういうことなのだろうか。

映画についてはどうだろうか。アジア映画という言い方が流布したのは、やはり八〇年代だった。もちろんそれ以前にもアジア映画という観念はあって、日本なら黒澤明や小津安二郎、あるいはインド映画ならサタジット・レイという具合に、芸術性の高いアジア映画の欧米における成功を喜ぶ風潮があった。ところが、もちろんそれは実際のアジアの映画事情を反映するものではなく、現実に各国で民衆の支持を得ていた映画については、ほとんど誰も知らなかったのだ。日活ロマンポルノを思い出してみよう。ある意味で今日の日本の映像文化の基盤を作ったこのシリーズについて、当時はまともに語る人は少なかった。インドの大衆映画についても、キッチュとして紹介する人がいないでもなかったが、きちんと対応した文章はほとんどなかったように思う。たぶん香港のカンフー映画やキョンシーの活躍する怪奇映画あたりが、一般的にアジア映画なるものの発見の最初のきっかけだったのではあるまいか。

松岡環《たまき》『アジア・映画の都』（めこん）は、アジア映画の紹介に奔走する映画人の記録であり、アジア映画の経験した百年の歴史でもあるのだが、ヒンディー語、ウルドゥー語を学んだ著者がアジアの映画という世界に注目することになったのは、やはり香港映画がきっかけだった。もちろん彼女はインド映画の紹介を長くつづけ、いくつもの映画祭を開いたのだが、映画というものが単純に映像と音声の混合物ではなく、さまざまな文化や生活に影響を与える刺激的な装置として機能していることを知ったとき、どこそこの映画という地域分類ではなく、アジア映画という世界に気づいたのである。それは本当に新世界だった。「映画史をたどって、東南アジア五ヵ国を駆け足でまわってみると、収穫も大きかったものの、自分の知識不足をいやというほど知らされる結果にもなった」。しかし、それと同時に、五〇年代に存在していたアジア映画におけるボーダーレス状況を知ったということが重要な点である。とっくに映画は、アジアを乗りこえていたのだ。

よく知られているように、世界でもっとも多くの映画を制作しているのはインドである。とりわけムンバイの映画は膨大な量にのぼり、大衆的な作品から芸術性の高い作品まで、その数は計り知れない。日本で広く公開された大衆映画というと『ムトゥ 踊るマハラジャ』(K・S・ラビクマール監督) くらいしかないが、DVDなどでさまざまな作品を見ることができるようになった。また、これは言語人口とも相関するのだが、中国映画の拡大がめざましい。松岡の図式化するアジア映画の相互交流圏を見ると、(1)大規模交流圏＝インド、中国、(2)中規模交流圏＝フィリピン、(3)小規模交流圏＝マレー／インドネシア、香港／台湾、という構造になる。そしてこの交流圏の関係がアジアにおける海上交易ネットワークと重なりあうというのだが、これはおもしろい指摘ではなかろうか。ぼく自身は海外で映画を見る機会がほとんどなかったが (ソフトを買うことはたびたびあったものの)、映画館を見回ったことはあって、この分類の感覚はよくわかる。

映画は、まだわずかに百年の歴史しかもっていないけれども、アジアの現在を写すみごとな鏡となっている。佐藤忠男は「アジアの映画」という文章で、こんなことを書いている (『アジア映画小辞典』佐藤忠男編、三一書房)。

一口にアジアといっても非常に広大だし、文化的伝統も経済的水準もずいぶん違っている。にもかかわらず、これだけ多様な国々や地域で、まるで競い合うようにいっせいに映画の開化が見られるというのはどういうことだろうか。じつはたいていの国々でずいぶん古くから映画は作られていたのである。ただ先進諸国の人々は開発途上国の映画に関心がなかったのである。……「アジアにはさまざまにすぐれた映画作家や作品があったのだが」これらを同時代に知っていたなら、われわれのアジアに対する認識もずいぶん違っていたのではなかろうか。

映画に限ったことではない。ぼくらは長いあいだアジアの生みだしてきた現代文化を見ないで済ましてきたのだ。産業経済面でのアジアとの関係は、あれこれ論じられてきたと思う。たとえば鶴見良行『ナマコの眼』（ちくま学芸文庫）を見ていただければ、草の根におけるアジアとのリアルな関係性が見えてくることだろう。ぼくらはアジアとのきわめて深いネットワークのなかに生きながら、それを知らなかった、あるいは知らぬふりをしてきたのだ。

映画も建築も音楽も、これは数ある事例のひとつにすぎない。ぼくたちはどうすれば〈いま＝ここ〉にあるアジアを知ることができるのだろうか。そもそもアジアを知るとはどういうことなのだろうか。日本の東洋史をはじめとする多くの学問は、アジアを知るために多大な努力を注入してきたが、ついにアジアという生き物をとらえることはできなかった。うごめきつつあるアジアを知ることは、そのなかで生きるほかはない。それができるかどうか。いま、それをできるかどうかを問われているのが、われわれの立場ではないだろうか。たとえば竹内好《よしみ》の著作を読みなおし（『日本とアジア』ちくま学芸文庫、など）、子安宣邦『「アジア」はどう語られてきたか——近代日本のオリエンタリズム』（藤原書店）を手元に引き寄せてみても、問いが重なりこそすれ、答えは見えてこない。アジアとはなにか。これはアジアの概念規定ではない。アジアをなにと見るべきか、アジアをなにのようにするべきか、そこへ向けての問いであると思う。

ともかくぼくは、ここでアジアとはなにかについて、それを語ろうと試みてきた人々の歩みを歴史的に語ってきたつもりだが、歴史的に語るとは、現在への批判として語ることにほかなるまい。アジアとはなにか。その問いは、まだ宙づりにされている。それにどう答えるかは、これからの課題なのだろう。

本書が成るにあたっては、多くの方々の助言によるところが多々ありました。個々に名をあげることはいたしませんが、ここに感謝いたします。『月刊しにか』に連載中の二年間、本当にご苦労をかけた編集者諸氏にも感謝を申しあげます。雑誌連載というかたちのゆえで、同一テーマのくりかえしや前後の矛盾などもありますが、加筆は最小限におさえました。ご理解ください。

さて、アジアはどんな姿に変貌してゆくのか、刮目《かつもく》して見るばかり。

［著者略歴］

松枝　到（まつえだ　いたる）

1953年神奈川県生まれ。和光大学表現学部イメージ文化学科教授。専門は文化史。主な著書に『アジア言遊記』（大修館書店）、『外のアジアへ、複数のアジアへ』（思潮社）、『密語のゆくえ』（岩波書店）、『奪われぬ声に耳傾けて』（書肆山田）、『笑う人間／笑いの現在』（共著、ポーラ文化研究所）など、また編著に『ヴァールブルク学派』（平凡社）などがある。

アジアとはなにか

NDC220 258p 20cm

初版第１刷――2005年２月１日

著　者――松枝《まつえだ》　到《いたる》

発行者――鈴木一行

発行所――株式会社大修館書店

〒101-8466　東京都千代田区神田錦町3-24

電話　03-3295-6231（販売部）/03-3294-2355（編集部）

振替　00190-7-40504

［出版情報］http://www.taishukan.co.jp

装丁者――内藤創造

印刷所――図書印刷

製本所――図書印刷

ISBN4-469-21292-X　Printed in Japan